北大版对外汉语教材·短期培训系列

会话篇
Conversations
II

标准汉语教程

（第二版）

Standard Chinese Course

(Second Edition)

主　　编：黄政澄

编　　著：黄政澄　崔永华　郭树军
　　　　　张　凯　张兰欣　陈　宏

审　　校：宋丽娜　郭艳丽　王　凡
　　　　　朱　敏　姜晓红

英文翻译：熊文华

北京大学出版社
PEKING UNIVERSITY PRESS

图书在版编目(CIP)数据

标准汉语教程(第二版).会话篇Ⅱ/黄政澄主编.—2版.—北京:北京大学出版社,2008.1

(北大版对外汉语教材·短期培训系列)

ISBN 978-7-301-13092-6

Ⅰ.标… Ⅱ.黄… Ⅲ.汉语-会话-对外汉语教学-教材 Ⅳ.H195.4

中国版本图书馆 CIP 数据核字(2007)第 173143 号

书　　　　名:	标准汉语教程(第二版)·会话篇Ⅱ
著作责任者:	黄政澄　主编
责 任 编 辑:	贾鸿杰(sophiajia@yahoo.com.cn)
封 面 设 计:	毛　淳
标 准 书 号:	ISBN 978-7-301-13092-6/H·1905
出 版 发 行:	北京大学出版社
地　　　　址:	北京市海淀区成府路 205 号　100871
网　　　　址:	http://www.pup.cn
电　　　　话:	邮购部 62752015　　发行部 62750672　　出版部 62754962
	编辑部 62752028
印　刷　者:	北京大学印刷厂
经　销　者:	新华书店
	787 毫米×1092 毫米　16 开本　17.25 印张　441 千字
	1998 年 6 月第 1 版
	2008 年 2 月第 2 版　2008 年 2 月第 1 次印刷(总第 6 次印刷)
印　　　　数:	0001—3000 册
定　　　　价:	85.00 元(附 MP3 盘 1 张)

未经许可,不得以任何方式复制或抄袭本书之部分或全部内容。
版权所有,侵权必究
举报电话: 010-62752024　　电子信箱: fd@pup.pku.edu.cn

修订说明

　　这套系列汉语教材由具有多年教学和研究经验的对外汉语专家集体编写，集中了一定阶段对外汉语教学的研究成果和长期的汉语教学实践经验，自1998年出版以来，常销不衰，受到外国留学生和汉语教师的普遍欢迎。

　　随着国内外汉语教学事业的不断发展，各种不同类型的新教材大量涌现，但是真正适合不同的教学需求，遵循一定的教学法原则，编写严谨的优秀汉语教材并不是很多。继承和发扬老教材的优良传统，总结以往的经验和成果，并不断推陈出新，从而带动新教材编写质量的提高，是教材出版者的重要使命。

　　本次修订，我们根据广大使用者提出的宝贵意见，将原来的上册4册，下册2册根据内容和教学的阶段性重新编为语音篇、会话篇（I，II）和阅读篇（I，II），共5册。学习者既可以学习全套教材，也可以根据实际需要灵活选用。另外，本次修订，对一些不合时宜的内容进行了替换，加入了一些当前鲜活的语料；对原版教材中的一些错漏和不妥之处，也进行了精心校订。

北京大学出版社

汉语与语言学编辑部

前　言

随着科学技术的发展和国内外汉语教学的实际需要，基础汉语教程的编写不仅要能满足正规的课堂教学的需要，同时也要能满足自学和多媒体教学的需要。《标准汉语教程》正是在这种思想指导下所做的一次探索。

教材总是在一定的教学理论指导下编写的。在认真总结以往各种基础汉语教材编写经验和教学效果的基础上，我们采用结构–情景–功能相结合的方法编写《标准汉语教程》，目的在于使学习者既能较好地掌握汉语最基本的语言结构，又能运用所学到的汉语技能和知识进行相应的社会交际。

《标准汉语教程》语音篇为语音教学阶段，以教声母、韵母和声调为主，突出音节教学，不过多涉及语流教学，使学习者能打下坚实的语音基础。本册教材为进一步巩固音节教学，编写了一些基本、实用的生活用语作为日常会话内容。

《标准汉语教程》会话篇（Ⅰ、Ⅱ）为语法教学阶段，以语法项目为纲，每课选取两三个语法点，在真实的生活场景中，围绕适当的话题组织会话，每课两个场景，相对固定的人物贯穿始终。课文采用对话形式，语言真实、自然、实用。基本语法大致分为三个阶段：

1—10课为多种简单的基本句式；

11—20课为各种补语和动作的态；

21—30课为各种常用的特殊句式。

每课由题解（介绍人物、场景）、课文（会话）、生词、重点句式（课文中能代表所讲授的语法点和具有重要交际功能的句子）、语法、注释（文化背景知识和难词难句解释）和练习七个部分组成。

《标准汉语教程》语音篇及会话篇的内容包括：全部声母、韵母和300多个常用音节；60个左右重点语法项目和70个左右次重点语法项目；700个左

前言

右常用汉字；1200个左右甲乙级词语。

学完《标准汉语教程》语音篇及会话篇，学习者的汉语听说读写能力可以满足最基本的日常生活、简单社交和有限学习的需要。

《标准汉语教程》阅读篇（Ⅰ、Ⅱ）围绕汉语水平等级大纲中的乙级语法和乙级词汇进行编写。课文内容广泛，涉及家庭、婚姻、人口、健康、地理、历史、文化、科技等领域。固定人物贯穿始终。每课由课文、生词、注释、词语例解、语法、阅读、练习七个部分组成。全书语法项目100多个，生词2200个左右（其中阅读课文生词700个左右）。

学完《标准汉语教程》阅读篇（Ⅰ、Ⅱ），学习者将具有汉语水平等级标准二级的听说读写能力，具有通过HSK中级的汉语能力。

在《标准汉语教程》编写的过程中，有关部门曾两次召开专家咨询评议会。与会专家既充分肯定了教材的新意和长处，又诚恳地提出了宝贵的修改意见。会后，编者根据专家们的意见进行了认真的修改。没有他们的宝贵意见就没有现在的教材。我们向他们表示衷心的感谢，同时我们也诚恳地期待着国内外专家学者对本教材提出宝贵意见。

编　者

Preface

With the development of scientific technology and TCFL, the Chinese language textbook has to meet the needs of the students on self-study basis or multi-media teaching, except the traditional classroom teaching. The *Standard Chinese Course* is the one as it requires.

A textbook is mostly compiled based on a certain teaching theory. Learned from various previous TCFL textbooks, integration of structure, situation and function is the principle adopted in compiling the *Standard Chinese Course*. The target is to make the learners have a good command of Chinese language and communicate in Chinese for daily use.

The *Standard Chinese Course on Phonetics* is with emphasis on initials, finals and tones. Syllable teaching is stressed, sandhi teaching is ignored for the learners to lay a stable foundation of Chinese phonetics. Some basic expressions for daily use are compiled for the learners to consolidate what they have learnt.

The *Standard Chinese Course on Conversation* (I, II) is with emphasis on the grammar teaching. Two or three grammatical items are selected in each lesson and practiced in simulated environments related to the appropriate topics. The dramatis personae remain the same through all the conversations. The grammar items are categorized as follows:

Lesson 1 to 10 is the basic sentence patterns;

Lesson 11 to 20 is all kinds of complements and tenses;

Lesson 21 to 30 is the special sentence structures.

Each lesson consists of seven parts: the introduction (of the relevant characters or scenes), text (conversation), new words, key structures (parallel with

前言

the grammatical points and structures involved in the lesson), grammar, notes (for cultural background information, difficult words and structures), and exercises.

The *Standard Chinese Course on Phonetics and Conversation* included: the initials and finals and more than 300 commonly-used syllables, about 60 primary and 70 secondary grammatical items, 700 commonly-used Chinese characters and 1200 words and expressions.

Having finished the *Standard Chinese Course on Phonetics and Conversation*, learners are supposed to be able to conduct the basic communication in their daily life.

The *Standard Chinese Course on Reading* (I, II) has been compiled based on the second level of grammar and vocabulary of HSK syllabus. And the texts have a wide range of topics, such as family, marriage, population, health, geography, history, culture, science and technology, etc. And the dramatis personae remain the same through the entire textbook, which is composed of seven parts: texts, new words, notes, usage of words, grammar, reading and exercises. More than 100 grammatical items and 2200 new words (about 700 new words are from the reading texts) are included.

Having finished *Standard Chinese Course on Reading* (I, II), learners are expected to reach the intermediate level of HSK in their listening, speaking, reading and writing.

In the course of compiling this book, two appraisal meetings were held, during which the experts had given us both favorable comments and suggestions. This is the improved version. We extend our heartfelt thanks to their comments and suggestions, and your further comments are always welcome.

The Compilers

目录 Contents

第十六课　Lesson 16
（一）参观美术展览　Visit the Art Exhibition …………………… 1
（二）课堂练习　Test in the Classroom …………………………… 2

第十七课　Lesson 17
（一）去旅馆看朋友　Call on Friends at the Hotel ……………… 17
（二）谈周末活动　Talk about the Plan in the Weekend ………… 18

第十八课　Lesson 18
（一）游览长城　Visit the Great Wall …………………………… 33
（二）请人帮忙　Ask Someone for Help ………………………… 35

第十九课　Lesson 19
（一）谈旅游（1）　Discuss the Tour (1) ………………………… 49
（二）谈旅游（2）　Discuss the Tour (2) ………………………… 51

第二十课　Lesson 20
（一）谈住院　Talk about Being in Hospital …………………… 64
（二）看照片　Enjoy Photos ……………………………………… 66

第二十一课　Lesson 21
（一）谈学习汉语的经历
　　　Talk about the Experience of the Chinese Study ………… 80

（二）在火车站接朋友　　Meet Friends at the Railway Station ·········· 82

第二十二课　Lesson 22
（一）谈生活经历　　Talk about the Life Experience ················ 96
（二）逛公园　　Walk in the Park ·································· 99

第二十三课　Lesson 23
（一）整理宿舍　　Tidy up the Dormitory ························ 113
（二）看演出　　Enjoy the Performance ·························· 115

第二十四课　Lesson 24
（一）住旅馆　　Live in the Hotel ································ 129
（二）坐火车　　Take a Train ···································· 131

第二十五课　Lesson 25
（一）用餐　　Have Dinner ······································· 144
（二）谈体育运动　　Talk about the Sports ······················ 146

第二十六课　Lesson 26
（一）买鞋　　Buy the Shoes ····································· 161
（二）搬新家　　Move to New House ····························· 163

第二十七课　Lesson 27
（一）谈期末考试　　Discuss the Final Examinations ············ 178
（二）在咖啡馆儿聊天　　Chat in the cafe ························ 180

目录

第二十八课　Lesson 28
　　（一）钱包丢了　Lose the Purse ·················· 196
　　（二）借书　Borrow the books ·················· 198

第二十九课　Lesson 29
　　（一）谈节日　Discuss the Festivals ·················· 213
　　（二）谈北京　Discuss Beijing ·················· 215

第三十课　Lesson 30
　　（一）谈寒假安排　Chat about the Plan in the Winter Vacation ······ 234
　　（二）讨论电影　Talk about the Film ·················· 236

词语总表　Vocabulary ·················· 254

第十六课　Lesson 16

 课文　Text

（一）参观　美术　展览
Cānguān Měishù Zhǎnlǎn
Visit the Art Exhibition

(Jiékè hé Sānmù Yóuzǐ cānguān měishù zhǎnlǎn.)
（杰克 和 三木 由子 参观 美术 展览。）
(Jack and Miky Yūko go to an art exhibition.)

Sānmù: Kànjiàn nà zhāng huàr le ma?
三木：看见 那 张 画儿 了 吗？

Jiékè: Nǎ yì zhāng?
杰克：哪 一 张？

Sānmù: Nǐ lái, zhè zhāng. Nǐ kàn, yǒu shān
三木：你来，这 张。你 看，有 山
yǒu shuǐ; shān shang yǒu niú yáng, shuǐ li yǒu yú xiā. Zhè fēngjǐng
有 水；山 上 有 牛 羊，水 里 有 鱼 虾。这 风景
duō hǎo a. Yàoshi néng zhù zài zhèr, nà cái měi ne.
多 好 啊。要是 能 住 在 这儿，那 才 美 呢。

Jiékè: Wǒ bú tài xǐhuan zhè zhǒng shānshuǐhuàr. Nǐ kàn zhè yì zhāng,
杰克：我 不 太 喜欢 这 种 山水画儿。你 看 这 一 张，

小猫 小狗，多 有 意思 啊。

三木： 是 挺 好玩儿 的。哎呀，都 四 点 了，我们 今天 能 参观 完 吗？

杰克： 这样 吧，我们 快 点儿 看，我 想 五 点 半 以前 能 看完。今天 晚上 你 有 活动 吗？

三木： 我 跟 一个 同事 说好 了，八 点 半 给 她 打 电话。不过，没 关系，八 点 半 以前 能 回到 家 就 行。

（二）课堂 练习
Test in the Classroom

（汉语 老师 在 给 玛丽 她们 班 上 课。）
(A Chinese teacher is having a lesson for Mary and her class members.)

老师： 大家 想想，这个 问题 他 回答 对 了 吗？

同学： 回答 对 了。

玛丽： 老师，我 觉得 他 回答 错 了。

老师： 是 的，他 回答 错 了，应该 选择 第三 项，他 选择 第四 项 了。下面，我们 听写 几 个 句子，大家 写 在

第十六课

liànxíběn shang. Tīngxiě de shíhou, nǐmen yídìng yào xiān tīng qīngchu
练习本 上。听写的时候，你们 一定 要 先 听 清楚

jùzi de yìsi, ránhòu zài xiě. Zhǔnbèi hǎo le ma?
句子 的 意思，然后 再 写。准备 好 了 吗？

Tóngxué: Zhǔnbèi hǎo le.
同学： 准备 好 了。

(Lǎoshī niàn jùzi)
(老师 念 句子)

Lǎoshī: Xiěwán le ma? Xiěwán le jiù xiān fàng zài zhuōzi shang, yíhuìr jiāo
老师： 写完 了 吗？写完 了 就 先 放 在 桌子 上，一会儿 交

gěi wǒ. Gāngcái de jùzi dōu néng tīngdǒng ma?
给 我。刚才 的 句子 都 能 听懂 吗？

Tóngxué: Néng tīngdǒng.
同学： 能 听懂。

Lǎoshī: Jīntiān de kè jiù shàngdào zhèr. Xiàmiàn wǒ shuō yíxiàr jīntiān
老师： 今天 的 课 就 上到 这儿。下面 我 说 一下儿 今天

de zuòyè. Dàjiā dǎkāi shū, fāndào èrbǎi qīshíbā yè. Zhǎodào le
的 作业。大家 打开 书，翻到 278 页。找到 了

méiyǒu? Èrbǎi qīshíbā yè dì-sān tí, dì-sì tí hé èrbǎi qīshíjiǔ yè
没有？ 278 页 第三 题，第四 题 和 279 页

dì-shí tí, dì-shí'èr tí. Hǎo, xiànzài xià kè.
第十 题，第十二 题。好，现在 下 课。

词语　New Words

| 参观 | （动） | cānguān | to visit |
| 美术 | （名） | měishù | fine arts, paintings |

看见	(动)	kànjiàn	to see
山	(名)	shān	mountain, hill
水	(名)	shuǐ	water
牛	(名)	niú	cattle, cow
羊	(名)	yáng	sheep, goat
鱼	(名)	yú	fish
虾	(名)	xiā	shrimp, prawn
风景	(名)	fēngjǐng	scenery
要是	(连)	yàoshi	if
住	(动)	zhù	to live
美	(形)	měi	very satisfactory, good
山水画儿	(名)	shānshuǐhuàr	landscape painting
猫	(名)	māo	cat
狗	(名)	gǒu	dog
好玩儿	(形)	hǎowánr	amusing, interesting, cute
哎呀	(叹)	āiyā	ah, my God
这样	(代)	zhèyàng	this way
以前	(名)	yǐqián	before
活动	(名、动)	huódòng	activity; move about
不过	(连)	búguò	nevertheless, however, but
回	(动)	huí	to go back, to return
课堂	(名)	kètáng	classroom
回答	(动)	huídá	to reply
错	(形)	cuò	wrong

第十六课

选择	（动）	xuǎnzé	to choose
项	（量）	xiàng	item (*a measure word*)
下面	（名）	xiàmian	next, below
听写	（动）	tīngxiě	to dictate
句子	（名）	jùzi	sentence
一定	（副）	yídìng	must
听	（动）	tīng	to listen
意思	（名）	yìsi	meaning
然后	（连）	ránhòu	then, after that
念	（动）	niàn	to read, read aloud
桌子	（名）	zhuōzi	desk, table
交	（动）	jiāo	to hand in
刚才	（名）	gāngcái	just now
懂	（动）	dǒng	to understand
作业	（名）	zuòyè	homework
开	（动）	kāi	to open
翻	（动）	fān	to turn
页	（名）	yè	page
题	（名）	tí	item, question

 ## 重点句式 Key Sentence Patterns

1 看见那张画儿了吗？
   Did you see that painting?

2 要是能住在这儿，那才美呢。
   It would be very nice to live here.

Lesson 16　5

3 我想五点半以前能看完。
I think we should finish it by 5:30.

4 我觉得他回答错了。
I think he answered incorrectly.

5 写完了就先放在桌子上,一会儿交给我。
When you finish it, please leave it on the table for me.

6 刚才的句子都能听懂吗?
Did those sentences make sense to you?

7 大家打开书,翻到278页。
Let's open the books and turn to page 278.

注释 Notes

一、哪一张?

这句话的意思是:"你问的是哪一张?"请注意这种提问方式:

It means "which picture you are asking about?" Pay attention to the way of asking questions:

哪(+数词)+量词

哪(+ numeral)+ measure word

又如:

More examples:

(1) A:你那天去哪儿了?
　　B:哪天?

(2) A:那些人太有意思了。
　　B:哪些人?

二、要是能住在这儿,那才美呢

这是一个假设复句,前一个分句是假设出现的情况,后一个分句是结果。"要是"是连词，意思是"假如、如果"，多用于口语。又如：

This is a hypothetical conditional compound sentence in which the former clause is conditional and the latter is resultative. The conjunction "要是" means "if", which is often used in oral Chinese, e.g.:

要是下雨，我们就不去了。

"美"，形容词，在这儿意思是"得意、满足"。
The adjective "美" here means "pleased" or "contented".

"才+形容词+呢"，用来强调程度高。又如：
The pattern "才 + adjective + 呢" is used to show a high degree, e.g.:

昨天的电影才有意思呢。

三、是挺好玩儿的

"好玩儿"，形容词，用于口语，相当于"可爱、有意思"。又如：

In spoken Chinese the adjective "好玩儿" carries the meaning of "cute, interesting", e.g.:

（1）这个孩子挺好玩儿的。
（2）这个地方真好玩儿。

四、我想五点半以前能看完

注意"以前"、"以后"的用法，不能说成：
Be aware of the usage of "以前" and "以后". It is wrong to say:

＊以前五点半

五、我跟一个同事说好了

"说好了"意思是"商量定了"。又如：
"说好了" means "it has been agreed upon", e.g.:

（1）我们说好了，明天去参观一个展览。
（2）那天晚上说好了看电影，可他没来。

六、你们一定要先听清楚句子的意思，然后再写

"一定"，后面常接"要、得"等助动词。用于第一人称时，表示自己坚决做到；用于第二、第三人称时，表示要求别人必须做到。又如：

"一定" is often followed by an auxiliary verb such as "要" or "得". When used in the first person, it means one's own determination; when used in the second or third person, it means others are required to do so, e.g.:

（1）我一定要学好汉语。
（2）外边冷，你一定要多穿衣服。

七、今天的课就上到这儿

"到这儿"是表示结束时常说的话。再如：

"到这儿" is a phrase that is often used to end what one is doing, e.g.:

（1）今天的活动就到这儿了。
（2）今天的会（huì, meeting）就开到这儿吧。

语法 Grammar

结果补语　Resultative complement

结果补语表示动作或变化所产生的结果，直接跟在动词的后边，由动词或形容词充当。

A resultative complement indicates the result of actions or changes. It directly follows a verb and is performed by an adjective or another verb.

我们先来看看什么是动作的"结果"：
Let's see what is the "result" of an action:

问题1:
Question 1:
A：今天的语法课你听了吗？
B：我听了。

第十六课

问题 2：
Question 2:

A：你听懂了吗？
B：我听懂了。

问题 1 关心的是"听"这个动作是否发生，问题 2 则关心"听"这个动作产生的结果，即"懂"了没有。再如：

Question 1 concerns the occurrence of "hearing" whereas Question 2 concerns the result (understanding) of the action, e.g.:

（1）今天的作业我都做完了。
（2）老师说什么？我没有听清楚。
（3）这个问题他回答错了。
（4）今天听写的句子我都写对了。
（5）你们吃完饭没有？要是吃完了，我们就去看电影。

注意："动词 + 结果补语"如果带有宾语，则宾语必须放在结果补语的后面，不能插在动词和结果补语之间，即："动词+结果补语+宾语"。例如，可以说"我吃完饭了"，不能说"*我吃饭完了"。

Points to be noted: If there is an object in the structure "verb + resultative complement", it should be placed after the resultative complement just like "verb + resultative complement + object". It is wrong to put it between the verb and the resultative complement, e.g.: "我吃完饭了". One cannot say "*我吃饭完了".

有些动词或形容词作结果补语时，含有特定的意思，需要逐个学习。下面我们将本课出现的几个结果补语的用法归纳一下：

Some verbs and adjectives may acquire special meaning when used as resultative complements that need to be studied one after another. We shall go over each of the individual resultative complements that have appeared in the text of this lesson.

1. "见"

"见"一般只跟在"看、听"等动词后，表示"看、听"等动作有结果。

"见" generally follows verbs such as "看" or "听" to indicate the result of the action.

（6）他看见玛丽来了，非常高兴。

（7）刚才你说什么？我没听见。

（8）我听见他叫你的名字。

2. "好"

形容词"好"作结果补语，表示动作完成而且达到完善的地步。

As a resultative complement, the adjective "好" indicates the completion and perfection of an action.

（9）你们准备好了吗？准备好了，我就开始听写。

（10）跟那家日本公司的合同谈好了吗？

（11）我们说好了，今天去外边吃饭。

3. "在"

介词"在"加宾语组成介宾短语，作结果补语，表示通过动作使人或事物处于某个地方。

The preposition "在" may serve as a resultative complement to indicate the location a person or thing has been moved to through an action when "在" is followed by an object and form a preposition phrase.

（12）我家住在北京。

（13）玛丽坐在他旁边。

（14）那本中文书就放在桌子上。

4. "到"

"到"作结果补语，主要有以下几种用法：

As a resultative complement, "到" can be used in the following ways:

A. 可以表示通过动作使某事物或人到达某处，宾语一般是表示处所的词语：

It indicates the location that something or somebody moves / is moved to through an action. The object is generally performed by a word of location.

（15）请大家打开书，翻到第 21 页。

（16）他很晚才回到宿舍。

（17）朱丽叶走到那儿的时候，天都黑了。

B. 表示动作持续的时间，宾语一般是表示时间的词语：

It indicates the duration of an action. Its object is generally performed by a word of time.

（18）他做作业做到晚上 11 点。

（19）我们谈到很晚，谈得很不顺利。

（20）今天的口语课就上到这儿。（"这儿"，指"现在"）

C. 表示动作达到了目的：

It indicates that an action has reached its target.

（21）那本书我买到了。

（22）他的练习本找到了。

（23）今天我见到了爸爸。

5. "开"

"开"作结果补语，可以表示使合在一起或连接在一起的东西分离开。

As a resultative complement, "开" indicates the separation of things that were connected.

（24）他打开那本书，看了看，觉得没意思，就又放在桌子上了。

（25）请你解开衣服，让我听听。

（26）太热了，我们打开窗户（chuānghu, window）吧。

练习　Exercises

一、朗读下列句子　Read aloud the following sentences

1.（你）看见那张画儿了吗？

2. 要是能住在这儿,那才美呢。
3. 我觉得他回答错了。
4. 刚才的句子都能听懂吗?
5. 大家打开书,翻到278页。

二、替换练习　Substitution drills

1. A:这个问题他回答对了吗?
   B:这个问题他回答对了。
   (这个问题他没回答对,回答错了。)

生词	写
练习	做
句子	念
汉字	写

2. A:刚才的句子你听懂了吗?
   B:听懂了。
   (刚才的句子我没听懂。)

这个电影	看
刚才的语法	听懂
刚才的广播	听懂
这本书	看

3. A:你们准备好本子了没有?
   B:我们准备好了。
   (我们还没准备好呢。)

准备	笔和纸
准备	礼物
写	信
谈	合同
签	合同
复习	语法

4. A:练习写在哪儿?
   B:练习写在本子上。

本子	放	书旁边
词典	放	桌子上
书	放	书包里
玛丽	住	学校外边
你	住	学校里

第十六课

5. 请打开书。

| 本子 | 书包 |
| 电视 | 窗户 |

6. A：你看见那张画儿了吗?
   B：看见了。
   （我没看见那张画儿。）

我的词典	王经理
玛丽	杰克
三木小姐	朱丽叶

7. A：你写到第几个生词了?
   B：我写到第二个生词了。

做	练习
念	句子
写	汉字
回答	问题

三、按照例句把下列句子改成正反疑问句，并用否定式回答
Change the following sentences into affirmative-negative sentences and give negative answers to them after the example

例 Example:

他写完生词了。
他写完生词了没有？
他没有写完生词。

1. 三木和杰克参观完了。
2. 我们看完足球比赛了。
3. 他们游完泳了。
4. 杰克上完课了。
5. 他打完电话了。
6. 他妈妈做完饭了。
7. 同学们找到278页第三题了。
8. 他买到电影票了。
9. 我听清楚老师的问题了。
10. 他看清楚那些字了。

四、把下列词语组成句子
Rearrange the words of each group in the right order

1. 美术　他们　那个　展览　完　了　参观
2. 的　作业本　放　都　在　了　学生　桌子上
3. 上　口语　今天　课　的　到　就　这儿
4. 吧　打开　现在　你　电视　足球　比赛　有
5. 明天　复习　我们　了　好　都　考试

五、选择正确答案　Multiple choice

1. 你的信写完了没有？（　）
   A. 我信完了。　　　　　　　　B. 我的信没写完了。
   C. 我写信完了。　　　　　　　D. 我的信写完了。

2. 词典你放在哪儿了？（　）
   A. 我放词典在桌子上了。　　　B. 词典我放在桌子上了。
   C. 我放在桌子上词典了。　　　D. 我在桌子上放词典了。

3. 昨天的晚会开到什么时候？（　）
   A. 昨天的晚会开到十二点才完。　　B. 昨天开晚会到十二点才完。
   C. 昨天开晚会才完到十二点。　　　D. 昨天到十二点开晚会才完。

4. 句子的意思你们听清楚了吗？（　）
   A. 我们听句子的意思不清楚。　　　B. 我们没听清楚句子的意思了。
   C. 我们没听清楚句子的意思。　　　D. 听句子的意思我们没清楚。

5. 老师，作业我们写在什么地方？（　）
   A. 你们要写作业在本子上。　　　　B. 你们在本子要写作业。
   C. 作业你们要写在本子上。　　　　D. 写作业你们在本子上。

第十六课

六、给下列短文填上结果补语并复述
Fill in the blanks in the following passage with resultative complements and retell it

玛丽正要去吃饭,在宿舍门口看_____了一个同学。那个同学问玛丽:"昨天晚上你去哪儿了?我去找你你不在。"

"我去参加朋友的生日晚会了。晚会开_____十二点。我一点才回_____学校。"

"生日晚会很热闹吧?"

"是啊,热闹极了,很多朋友都去了。"玛丽说,"对了,你找我有事吗?"

"昨天的课我没听_____,练习也不会做,想问问你。"

"现在你的练习做_____了吗?"

"还没做_____呢。一共有10个句子,我做_____第6个了。现在你有时间吗?能给我讲一讲吗?"那个同学问。

"马上就要吃晚饭了。吃_____饭,我去你宿舍,我们一起复习,好吗?"

"好,谢谢你!一会儿见!"

"一会儿见!"

补充词语	Additional Words		
广播	(动)	guǎngbō	to broadcast; to be on the air
门口	(名)	ménkǒu	entrance; doorway
……极了		……jí le	extremely
讲	(动)	jiǎng	to explain; to tell; to speak

学写汉字 Characters Writing

第十七课 Lesson 17

 课文 Text

(一) Qù Lǚguǎn Kàn Péngyou
去 旅馆 看 朋友
Call on Friends at the Hotel

(Mǎlì dào lǚguǎn bàifǎng yí wèi gāng dào Zhōngguó lái lǚxíng de péngyou.)
(玛丽 到 旅馆 拜访 一 位 刚 到 中国 来 旅行 的 朋友。)
(Mary goes to a hotel for a visit to a friend who has just come to China as a tourist.)

Fúwùyuán: Wèi, shì Shǐmìsī xiānsheng ma?
服务员： 喂，是史密斯 先生 吗？

Shǐmìsī: Duì, wǒ shì Shǐmìsī.
史密斯： 对，我 是 史密斯。

Fúwùyuán: Nín néng xiàlai yíxiàr ma?
服务员： 您 能 下来 一下儿 吗？

Yǒu wèi xiǎojie zhǎo nín, gěi
有 位 小姐 找 您，给

nín sòng dōngxi lái le.
您 送 东西 来 了。

Shǐmìsī: Wǒ zài děng yí ge zhòngyào diànhuà, bù néng xiàqu, nǐ ràng tā
史密斯： 我 在 等 一 个 重要 电话，不 能 下去，你 让 她

	shànglai, xíng ma?
	上来，行 吗？

Fúwùyuán:	Hǎo de, tā mǎshàng jiù shàngqu.
服务员：	好 的，她 马上 就 上去。

Fúwùyuán:	Xiǎojie, Shǐmìsī xiānsheng ràng nín shàngqu, tā de fángjiān shì
服务员：	小姐，史密斯 先生 让 您 上去，他的 房间 是
	bā líng sì wǔ.
	8045。

Mǎlì:	Qǐngwèn, diàntī zài nǎr?
玛丽：	请问，电梯 在 哪儿？

Fúwùyuán:	Nàr, nín guòqu jiù kàndào le.
服务员：	那儿，您 过去 就 看到 了。

Mǎlì:	Xièxie, kàndào le.
玛丽：	谢谢，看到 了。

(二) 谈 周末 活动
Tán Zhōumò Huódòng

Talk about the Plan in the Weekend

(Zhūlìyè hé tóngxué tán xīngqītiān qù jiāoqū lǚyóu.)
(朱丽叶 和 同学 谈 星期天 去 郊区 旅游。)
(Juliet and her classmates discuss an outing on Sunday.)

(Qiāo mén)
（敲 门）

Zhūlìyè:	Jìnlai, shì nǐ ya, qǐng zuò.
朱丽叶：	进来，是 你 呀，请 坐。

Tóngxué:	Máng shénme ne?
同学：	忙 什么 呢？

Zhūlìyè:	Gěi jiāli xiě xìn ne. Qián liǎng tiān shōudào bàba jìlai de xìn,
朱丽叶：	给 家里 写 信 呢。前 两 天 收到 爸爸 寄来 的 信，

第十七课

我爸爸和我妈妈下个月要到中国来。

同学： 来旅游还是来做生意？

朱丽叶： 来旅游。

同学： 那你应该好好儿地陪陪他们。

朱丽叶： 是啊。

同学： 对了，刚才三木由子小姐给你打来电话，她让你明天上午九点半去找她，她在家等你。刚才你出去了？

朱丽叶： 吃完饭以后我出去了，十分钟前刚回来。后天星期天，咱们骑自行车到郊区玩儿玩儿，怎么样？

同学： 你对农村感兴趣？

朱丽叶： 你说对了，我生在农村，长在农村，农村环境好，空气新鲜。

Tóngxué: 同学：	Hǎo, xīngqītiān péi nǐ chūqu yí tàng. Yào dài shénme dōngxi qù ma? 好，星期天陪你出去一趟。要带什么东西去吗？
Zhūlìyè: 朱丽叶：	Dài ge zhàoxiàngjī, zhào jǐ zhāng zhàopiānr. 带个照相机，照几张照片儿。
Tóngxué: 同学：	Wǒ zài dài diǎnr chīde hēde. 我再带点儿吃的喝的。
Zhūlìyè: 朱丽叶：	Nǐ bié dài le, wǒ yǐjing mǎile yìxiē shuǐguǒ le. Dào shíhou dài diǎnr shuǐguǒ qù jiù xíng le. 你别带了，我已经买了一些水果了。到时候带点儿水果去就行了。
Tóngxué: 同学：	Hǎo le, bù dānwu nǐ de shíjiān le, nǐ xiě xìn ba, wǒ huíqu le. Wǒmen hòutiān jiàn, hòutiān wǒ dào nǐ zhèr lái, wǒmen cóng zhèr chūfā. 好了，不耽误你的时间了，你写信吧，我回去了。我们后天见，后天我到你这儿来，我们从这儿出发。
Zhūlìyè: 朱丽叶：	Hòutiān jiàn. 后天见。

词语 New Words

旅馆	（名）	lǚguǎn	hotel
下来	（动）	xiàlai	to come down
下去	（动）	xiàqu	to go down
上来	（动）	shànglai	to come up
上去	（动）	shàngqu	to go up
房间	（名）	fángjiān	room

第十七课

电梯	（名）	diàntī	elevator
过去	（动）	guòqu	to go over
进来	（动）	jìnlai	to come in
呀	（叹）	ya	oh
家里		jiāli	family
前	（名）	qián	ago
收	（动）	shōu	to receive
寄	（动）	jì	to post
旅游	（动）	lǚyóu	to tour
生意	（名）	shēngyi	business
出去	（动）	chūqu	to go out
分钟		fēn zhōng	minute
骑	（动）	qí	to ride
自行车	（名）	zìxíngchē	bicycle
郊区	（名）	jiāoqū	outskirts
农村	（名）	nóngcūn	countryside; village
感兴趣		gǎn xìngqu	to be interested in
生	（动）	shēng	to be born
长	（动）	zhǎng	to grow
环境	（名）	huánjìng	environment, circumstance
空气	（名）	kōngqì	air
新鲜	（形）	xīnxiān	fresh
带	（动）	dài	to bring, to take
照相机	（名）	zhàoxiàngjī	camera
照	（动）	zhào	to take (a photo)

Lesson 17

别	（副）	bié	do not
耽误	（动）	dānwù	to delay
回去	（动）	huíqu	to go back
出发	（动）	chūfā	to set out

专名 Proper nouns

| 史密斯 | | Shǐmìsī | Smith, *a person name* |

 重点句式 Key Sentence Patterns

1. 您能下来一下儿吗？
   Could you please come downstairs for a minute?

2. 史密斯先生让您上去。
   Mr. Smith wants you to go upstairs.

3. 忙什么呢？
   What are you doing?

4. 我爸爸和我妈妈下个月要到中国来。
   My parents are coming to China next month.

5. 刚才三木由子小姐给你打来电话。
   Miss Miky Yūko called you just a minute ago.

6. 你对农村感兴趣？
   Are you interested in the country?

7. 带个照相机去，照几张照片儿。
   Bring a camera and take some pictures.

8. 到时候带点儿水果去就行了。
   Bringing some fruit, that's all right.

9. 好了，不耽误你的时间了。
   All right, don't let me take up your time.

第十七课

注释 Notes

一、他的房间是 8045

房间号、汽车线路、电话号码等，如果是三位或三位以上，就直接依次读出数字，例如，房间号 8045 读作"八零四五"，电话号码"9876543"读作"九八七六五四三"；但如果号码小于三位，就须读出位数，例如，22 号房间读作"二十二号房间"，10 号楼读作"十号楼"。

If a room number, bus number or telephone number contain three or more figures, they can be directly read according to their order, e.g.: Rm. No. 8045 is read as "八零四五"; telephone No. 9876543 is read as "九八七六五四三". If, however, a number contains less than three figures, ten's and unit's places should be given orally, e.g.: Rm. No.22 is read as "二十二号房间". Building No. 10 is read as "十号楼".

二、是你呀

"呀"，语气助词，相当于"啊"，在元音 a、e、i、o、u (yu) 之后，一般说"呀"。

The modal particle "呀" is equal to "啊". "呀" is prefered when the modal particle as such is place after the vowel "a", "e", "i", "o" or "u (yu)".

"是你呀"在这儿表示说话人没想到来的人是谁。

"是你呀" here indicates the speaker's surprise at seeing the comer who has not been expected.

三、前两天收到爸爸寄来的信

"前两天"意思是"几天以前"，不一定是"两天以前"。类似的说法如"前两年"、"前两个星期"等。

"前两天" means "a few days ago", not necessarily "two days ago". Similar phrases are "前两年" and "前两个星期" etc.

"收到"的"到"是结果补语，表示动作达到了目的。

"到" in "收到" is a resultative complement, indicating that the action has reached its target.

四、那你应该好好儿地陪陪他们

"好好儿",是形容词"好"的重叠形式。单音节形容词重叠,在口语中第二个音节常变成第一声,且儿化,例如,"好好儿"应读成"hǎohāor","慢慢儿"读成"mànmānr"。

"好好儿" is the repetitive form of the adjective "好". In a repetitive form of a monosyllabic adjective the second syllable is often read in the first tone and becomes retroflexed in spoken Chinese, e.g.: "好好儿" should be read as "hǎohāor", "慢慢儿" should be read as "mànmānr".

重叠后的形容词常作状语,表示程度加深。又如:"别着急,慢慢儿说。"也可作谓语,如:"他好好儿的,没生病。"

The repetitive form of an adjective is often used as an adverbial showing a progressive degree, such as in "别着急,慢慢儿说。" In some condition, it can also function as a predicate, such as in "他好好儿的,没生病。"

五、你对农村感兴趣?

这是一个陈述句形式的问句,因为句尾没用"啊",所以最后一个音节"趣"要用升调。

This is a question in the form of a statement. Because of the absence of "啊" at the end of the sentence, a rising tone is used for the last syllabic "趣".

"对……感兴趣"中,"对"是介词,用来介绍出感兴趣的事物。又如:"他对中国历史感兴趣。""我对音乐很感兴趣。""他对这件事不感兴趣。"

In "对……感兴趣", "对" is a preposition used to introduce the thing that one is interested in, e.g.: "他对中国历史感兴趣。""我对音乐很感兴趣。""他对这件事不感兴趣。"

六、不耽误你的时间了

这是一句客套话,表示对占用对方时间感到不安。

This is a polite formula used to show one's gratitude for the time given and feel sorry to trouble sb.

 语法 Grammar

简单趋向补语　Simple directional complements

（一）简单趋向补语及其意义

Simple directional complements and their meaning

动词"来"或"去"放在其他动词后面作补语，表示动作使人或事物移动的方向，这种补语就叫做简单趋向补语。

A simple directional complement is performed by a verb such as "来" or "去" after another verb to indicate the direction in which a person or thing has moved / has been moved through an action.

如果动作是向着说话人或所谈事物进行时，就用"来"；如果动作是背离说话人或所谈事物进行，就用"去"。如下图所示：

"来" is preferred when an action takes place in the direction towards the speaker or the thing in question. "去" is preferred if an action takes place in the direction away from the speaker or the thing in question. The usage of the complement is illustrated below:

→ 说话人（speaker）→
"来"　　　　　　　"去"

← 说话人（speaker）←
"去"　　　　　　　"来"

例如：e.g.:

（1）史密斯先生，您能下来一下儿吗？

（说话人在楼下，动作"下"朝着说话人进行，所以用"来"。The speaker is downstairs and the action "下" takes place towards him, so "来" is used here.）

（2）我不能下去，你让她上来，行吗？

（说话人在楼上，动作"下"背离说话人进行，而"上"是朝着说话人进行，所以前者用"去"，后者用"来"。The speaker is upstairs and the action "下" is away from him, but "上" is towards him. So "去" is used for the former action, "来" for the latter.)

（3）快进来吧，外边太冷。

（说话人在房间里。The speaker is in the room.）

（4）玛丽刚出去，她一会儿就回来。
（"出"背离说话人进行，"回"朝着说话人进行。The action "出" is away from the speaker, whereas "回" is just opposite.）

（5）爸爸给我寄来了一封信。
（"寄"朝着说话人进行。The action "寄" takes place towards the speaker.）

（6）我给她寄去一张生日卡。
（"寄"背离说话人进行。The action "寄" takes place away from the speaker.）

（二）简单趋向补语与宾语的位置
Positions for a simple directional complement and an object

如果带简单趋向补语的动词还有宾语，宾语的位置有两种情况：

The object, if the verb taking a simple directional complement has any, can be put in two possible positions:

1. 如果宾语是表示处所的词语，要放在动词和简单趋向补语之间。

If the object is performed by a word of location, it should be put between the verb and the simple directional complement.

| 名词或代词（+副词等） | | + 动词 | + 处所词 | + 简单趋向补语 | （+语气助词） |
N. or Pron. (+Adv.etc.)		+ V.	+ Word of Location	+ S. D. C.	(+ M.P.)
（7）他	就要	到	中国	去	了。
（8）妈妈	常常	上	我这儿	来	。
（9）	快	回	家	去	吧。
（10）他们	不	愿意到	那个地方	去	。

第十七课

2. 如果宾语是表示人或一般事物的，也可以放在动词和简单趋向补语之间：

If the object is a word of a person or a thing, it can also be placed between the verb and the simple directional complement:

名词或代词（+副词等） + 动词（+助词） + 名词或代词 + 补语（+语气助词） N. or Pron. (+Adv.etc.) + V. (+ P.) + N. or Pron. + C. (+M.P.)
（11）爸爸　　　　　　寄　了　　一封信　　来。
（12）他们　　　　　　要带　　　照相机　　去。
（13）你　　没　　带　　　　　钱　　　　来　吗？

在动作已经完成的情况下，表示人或事物的宾语也可以放在简单趋向补语的后边。例如：

If an action has been completed, the object performed by a word of a person or a thing can also be placed after the simple directional complement, e.g.:

名词或代词（+副词等） + 动词 + 趋向补语（+动态助词）+ 名词或代词 N. or Pron. (+Adv. etc.) + V. + D. C. (+M.P.) + N. or Pron.
（14）杰克　　　　　借　　去　　了　　　我的词典。
（15）玛丽　　刚　　打　　来　　了　　　一个电话。
（16）他们　　没　　买　　来　　　　　　啤酒。

 练习　Exercises

一、朗读下列句子　Read aloud the following sentences

1. 您能下来一下儿吗？
2. 史密斯先生让您上去。
3. 我爸爸和我妈妈下个月要到中国来。
4. 吃完饭以后我出去了，十分钟前刚回来。
5. 带个照相机，照几张照片儿。

二、替换练习　Substitution drills

1. A：我不能<u>下</u>去，你让她<u>上</u>来，行吗？
   B：好的，她马上就<u>上</u>去。

上	下
进	出
出	进
过	过

2. <u>我爸爸和我妈妈</u><u>下个月</u>要到<u>中国</u>来。

王经理	上午	公司
玛丽	一会儿	这儿
李先生	后天	银行
杰克	九点	办公室

3. A：星期天我们去郊区玩儿，要带什么东西去？
   B：带<u>个</u><u>照相机</u>去。

些	水果
张	旅游地图

4. 刚才<u>三木山子</u>给你打来电话，她让你去找她。

玛丽	王太太
朱丽叶	王经理

5. 我已经买了一些<u>水果</u>了，你别买了。

礼物	咖啡
书	面包
药	信封
邮票	啤酒

三、用指定词语加"来"或"去"完成句子
Complete the following sentences with the given words plus "来" or "去"

1. 玛丽从图书馆_____，这本书很有意思。（借　一本书）
2. 玛丽昨天进城_____。（买　一个礼物）
3. 三木由子的朋友昨天_____。（回　日本）
4. A：杰克，你去哪儿？
   B：我感冒了，_____。（到医院　打针）
5. 杰克的朋友_____。（到杰克这儿　看电视）
6. 朱丽叶从商店_____。（买　四瓶啤酒）
7. 玛丽_____。（到邮局　寄信）
8. 玛丽_____。（买　几张邮票）
9. 三木由子_____。（买　一件深蓝的运动衣）
10. 他的宿舍在三层，你_____吧。（上　找他）

四、用"来"或"去"造句　Make sentences with "来" or "去"

例　Example:

你在宿舍里。
玛丽　进
玛丽进来了。

1. 你在教室里。
   （1）老师　　　　出
   （2）你同学　　　进
2. 你在房间里。
   （1）你同学　　　买　　　两瓶啤酒
   （2）你朋友　　　回

Lesson 17

3. 你在五层。
   （1）你朋友　　　　上
   （2）你朋友　　　　下
4. 你在学校里。
   （1）玛丽　　　　回学校
   （2）玛丽　　　　到旅馆
5. 你在公司里。
   （1）王经理　　　　出
   （2）王经理　　　　买　　　　一杯咖啡

五、用指定词语完成对话
Complete the following dialogue with the given words

A：玛丽在吗？

B：在，快＿＿＿＿＿＿吧，请坐。（进）

A：你忙什么呢？

B：今天我收到家里＿＿＿＿＿＿，我在写回信呢。（寄　一封信）

A：昨天是朱丽叶的生日，你去她那儿了吗？

B：去了。

A：你给她带礼物去了吧？

B：是啊，＿＿＿＿＿＿。（带　音乐CD）

A：她很喜欢音乐，是吗？

B：对，特别是中国音乐。我还＿＿＿＿＿＿。（带　一张生日卡）

A：她很喜欢吧？

B：是的。

A：这个周末你有安排吗？

B：没有安排。怎么，你有事吗？

A：＿＿＿＿＿＿，我们一起去看电影，好吗？（买　电影票）

B：好啊，什么电影？中国的还是外国的？

A：是中国电影，是个新电影，听说相当不错。

B：太好了，谢谢你！

A：好了，我_____。（该……了）

B：我送送你。

A：别送了，你_____。（回）

B：好，我不送了。慢走啊。

六、把下列词语组成句子
Rearrange the words of each groups in the right order

1. 来　昨天　一　妈妈　信　给　封　我　寄
2. 的　来　爸爸妈妈　朱丽叶　中国　下个月　到　旅游　要
3. 了　一个　刚才　来　电话　他　打
4. 三木小姐　带　给　一些　去　朋友　了　水果
5. 四瓶　从商店　朱丽叶　啤酒　买　刚才　来　了

补充词语　Additional Words

层	（量）	céng	story; floor
收到		shōudào	to receive
回信		huí xìn	write a letter in reply
慢	（形）	màn	slow

学写汉字　Characters Writing

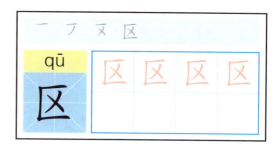

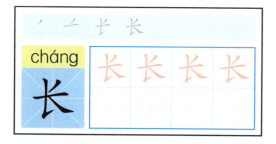

第十八课　Lesson 18

课文　Text

(一) 游览　长城
Yóulǎn Chángchéng
Visit the Great Wall

(Zhūlìyè péi fùmǔ yóulǎn Chángchéng. Qìchē láidào Chángchéng xiàbian de tíngchē-chǎng.)
(朱丽叶 陪 父母 游览 长城。汽车 来到 长城 下边 的 停车场。)

(Juliet accompanies her parents to the Great Wall. Their car comes to the parking lot at the foot of the Great Wall.)

Zhūlìyè: Zhè jiù shì shìjiè shang yǒumíng de Chángchéng.
朱丽叶： 这就是世界上有名的长城。

Māma: Qìchē néng kāi shangqu ma?
妈妈： 汽车能开上去吗？

Zhūlìyè: Bù néng kāi shangqu. Wǒmén děi zǒu shangqu.
朱丽叶： 不能开上去。我们得走上去。

(Zài Chángchéng shang)
(在 长城 上)

Bàba: Chángchéng zhēn shì xióngwěi zhuànglì ya! Liǎngqiān duō nián yǐqián jiù yǒu zhèyàng de jiànzhù, quèshí liǎobuqǐ.
爸爸： 长城 真是雄伟 壮丽呀！两千多年以前就有这样的建筑，确实了不起。

妈妈： Liǎobuqǐ, shì yí ge qíjì.
了不起，是一个奇迹。

朱丽叶： Zǒu ba, wǒmen háishì pá shangqu ba.
走吧，我们还是爬上去吧。

爸爸： Zhūlìyè, nǐ zǒu guolai yìdiǎnr, nǐ zài zhèr gěi wǒmen zhào
朱丽叶，你走过来一点儿，你在这儿给我们照
jǐ zhāng xiàng, wǒ yào ná huiqu gěi péngyou kànkan.
几张相，我要拿回去给朋友看看。

妈妈： Nǐmen kàn, xiàbian yǒu duōshǎo rén a. Háizimen dōu pǎo shanglai le.
你们看，下边有多少人啊。孩子们都跑上来了。

朱丽叶： Duō kě'ài de háizi!
多可爱的孩子！

妈妈： Lèi le, wǒ yào zuò xialai xiūxi xiūxi.
累了，我要坐下来休息休息。

朱丽叶： Bàba, nín yě zuò xialai xiūxi xiūxi.
爸爸，您也坐下来休息休息。

妈妈： Lái yóulǎn de rén zhēn duō ya.
来游览的人真多呀。

爸爸： Lái Běijīng lǚyóu de rén, kǒngpà méiyǒu rén bú dào Chángchéng lái.
来北京旅游的人，恐怕没有人不到长城来。

(Xiūxi le yíhuìr)
(休息了一会儿)

爸爸： Zhàn qilai ba, wǒmen mànmānr zǒu xiaqu.
站起来吧，我们慢慢儿走下去。

(Huídào Chángchéng xià de tíngchēchǎng)
(回到长城下的停车场)

妈妈： Chē tíng zài nǎr le?
车停在哪儿了？

第十八课

Zhūlìyè: Tíng zài hòubian, nǐmen zài zhèr zuò yíhuìr, wǒ jiào sījī
朱丽叶：停 在 后边， 你们 在 这儿 坐 一会儿， 我 叫 司机

kāi guolai.
开 过来。

(Zài qìchē shang)
(在 汽车 上)

Māma: Zhūlìyè, zhàopiānr xǐhǎo le, gěi wǒmen jìhuí Měiguó qu, duō
妈妈：朱丽叶， 照片儿 洗好 了， 给 我们 寄回 美国 去，多

jì huiqu jǐ zhāng.
寄 回去 几 张。

Zhūlìyè: Fàng xīn ba, méi wèntí.
朱丽叶：放 心 吧，没 问题。

Qǐng Rén Bāng Máng
(二) 请 人 帮 忙

Ask Someone for Help

(Mǎlì hé tóngxué hùxiāng qǐngqiú bāngzhù.)
(玛丽 和 同学 互相 请求 帮助。)
(Mary and her classmate ask for help each other.)

Mǎlì: Wǒ xiàwǔ méi kè, wǒ
玛丽：我 下午 没课， 我

huíqu le, qù kàn ge
回去 了，去 看 个

péngyou, tā qiántiān
朋友， 她 前天

chūle jiāotōng shìgù,
出了 交通 事故，

zhùjìn yīyuàn qu le.
住进 医院 去 了。

Tóngxué: Zhēn dǎo méi! Wǎnshang yǒu jīngjù, nǐ bú kàn le a?
同学：真 倒霉！ 晚上 有 京剧，你 不 看 了 啊？

玛丽: 看，我六点半以前赶回来。

同学: 对了，一会儿回来的时候，请帮我买回一份今天的报纸来。

玛丽: 好。自行车我放在学校门口了，你帮我骑回去，好吗？

同学: 钥匙呢？

玛丽: 噢，在我书包里。你等一下儿，我找出来给你。这样吧，书包你帮我也拿回去，钥匙你自己找吧。

同学: 行，我自己找吧。

词语 New Words

游览	（动）	yóulǎn	to go sightseeing
有名	（形）	yǒumíng	famous
开	（动）	kāi	to drive
雄伟	（形）	xióngwěi	magnificent

第十八课

壮丽	（形）	zhuànglì	majestic
建筑	（名）	jiànzhù	construction, building
了不起	（形）	liǎobuqǐ	amazing, terrific
奇迹	（名）	qíjì	miracle
爬	（动）	pá	to climb
过来	（动）	guòlai	to come over
相	（名）	xiàng	photo
拿	（动）	ná	to take, to bring
孩子们		háizimen	children
跑	（动）	pǎo	to run
可爱	（形）	kě'ài	lovely, cute
累	（形）	lèi	tired
恐怕	（副）	kǒngpà	perhaps
站	（动）	zhàn	to stand
起来	（动）	qǐlai	up
停	（动）	tíng	to park, to stop
司机	（名）	sījī	driver
洗	（动）	xǐ	to develop
放心		fàng xīn	to rest assured
帮忙		bāng máng	to help
帮助	（动）	bāngzhù	to help
前天	（名）	qiántiān	the day before yesterday
出	（动）	chū	to get caught
交通	（名）	jiāotōng	traffic

Lesson 18　37

事故	（名）	shìgù	accident
倒霉		dǎo méi	bad luck
赶	（动）	gǎn	to rush, to hurry
帮	（动）	bāng	to help
报纸	（名）	bàozhǐ	newspaper
钥匙	（名）	yàoshi	key
噢	（叹）	ō	oh
出来	（动）	chūlai	out
自己	（代）	zìjǐ	self

专名　Proper nouns

长城	Chángchéng	Great Wall
北京	Běijīng	Beijing

重点句式 Key Sentence Patterns

1. 长城真是雄伟壮丽呀！
   How magnificent the Great Wall is!

2. 你走过来一点儿。
   Come here, please.

3. 累了，我要坐下来休息休息。
   I'm so tired that I need to take a break.

4. 来北京旅游的人，恐怕没有人不到长城来。
   Everyone visits the Great Wall when they travel to Beijing.

5. 照片儿洗好了，给我们寄回美国去，多寄回去几张。
   These films were developed, send some back to US for us.

第十八课

6 她前天出了交通事故，住进医院去了。
She was in the hospital because of a traffic accident the day before yesterday.

7 我六点半以前赶回来。
I'll be back before 6:30 p.m.

8 自行车我放在学校门口了，你帮我骑回去，好吗？
I left my bike outside the school's gate. Could you please get it for me?

9 这样吧，书包你也帮我拿回去。
Would you also take my schoolbag back for me?

注释 Notes

一、这就是世界上有名的长城

"上"是方位名词，用在名词后，表示范围或某一方面，有时是"里"的意思，要读轻声。又如："书上"、"报纸上"、"国际上"。

The word of locality "上", sometimes equal to "里", used after a noun, is read in the neutral tone, indicating a category, a range, or an aspect, e.g.: "书上","报纸上" and "国际上".

二、确实了不起

"了不起"，形容词，用于口语，表示大大超过寻常，非常突出。又如："他是一个了不起的人。""他干了很多非常了不起的事情。""你真了不起，汉语说得那么好！"

In spoken Chinese the adjective "了不起" means "extraordinary" or "outstanding", e.g.: "他是个了不起的人。""他干了很多了不起的事情。""你真了不起，汉语说得那么好！"

三、我们还是爬上去吧

"还是"在这里是副词，表示经过比较、考虑，有所选择。又如："我看咱们还是回家吃饭吧。""我们还是不要去了，太远了。""还是我去你那儿吧，你不要来了。"

The adverb "还是" here means "may as well" showing a choice made after comparison and consideration, e.g.: "我看咱们还是回家吃饭吧。""我们还是不要去了，太远了。""还是我去你那儿吧，你不要来了。"

四、恐怕没有人不到长城来

"恐怕"，副词，表示估计或猜测，可以用来表示一种委婉的语气。如："今天晚上我有事，恐怕不能去你那儿了。""你的车恐怕不能停在这儿。""恐怕明天会很热。""这件事恐怕没有人知道。"

The adverb "恐怕" expresses one's estimation or guess often used to soften the tone, e.g.: "今天晚上我有事，恐怕不能去你那儿了。""你的车恐怕不能停在这儿。""恐怕明天会很热。""这件事恐怕没有人知道。"

五、我们慢慢儿走下去

"慢慢儿"是形容词"慢"的重叠式，第二个"慢"字应该读第一声。又如："不要着急，慢慢儿开（车）。""汉语要慢慢儿学，不能太着急。"

"慢慢儿" is a repetitive form of the adjective "慢" in which the second "慢" should be pronounced in the first tone, e.g.: "不要着急，慢慢儿开（车）。""汉语要慢慢儿学，不能太着急。"

六、照片儿洗好了，给我们寄回美国去

这句话的意思是"要是照片儿洗好了，就给我们寄回美国去"，实际上照片儿现在还没有洗好。

This sentence means "please send the photos to us in the United States when they have been developed and printed." As a matter of fact they have not been developed and printed yet.

七、她前天出了交通事故

"出"，动词，这里的意思是发生。常说"出事故"、"出事儿"、"出错儿"、

"出问题"等。如:"他家里出了一点儿事,所以这几天没有来上课。""他的汉语说得还不行,常常出错儿。"

The verb "出" means "happen" or "occur" as in "出事故","出事儿","出错儿" and "出问题" etc., e.g.: "他家里出了一点儿事,所以这几天没有来上课。""他的汉语说得还不行,常常出错儿。"

八、真倒霉!

"倒霉",用来表示事情不顺利、遭遇不好。前面常有"真"、"太"等副词修饰。又如:"小张真倒霉,刚买的自行车就丢了。""我今天太倒霉了,口语考试考得非常不好。"

The adjective "倒霉" is generally used to imply unfavorable situations or bad luck and is often preceded by an adverbial modifier such as "真" or "太", e.g.: "小张真倒霉,刚买的自行车就丢了。" "我今天太倒霉了,口语考试考得非常不好。"

九、请帮我买回一份今天的报纸来

"帮"+ 名词或代词 + 动词,常用来表示帮助某人做某事。又如:"你去商店?帮我买点儿东西。""他帮我修理电脑。"

The structure "帮 + noun or pronoun +verb" is often employed to express "help someone do something", e.g.: "你去商店?帮我买点儿东西。""他帮我修理电脑。"

十、这样吧,……

"这样吧",常用来提出某种建议或做出某种选择。又如:"这样吧,你晚上来我家,我们再好好儿聊聊。""这样吧,你先回去,我一会儿去找你。"

"这样吧" is frequently used for making a suggestion or a choice, e.g.: "这样吧,你晚上来我家,我们再好好儿聊聊。""这样吧,你先回去,我一会儿去找你。"

语法 Grammar

复合趋向补语 Compound directional complement

动词"上"、"下"、"进"、"出"、"回"、"过"、"起"与简单趋向补语"来"、"去"结合,构成"上来"、"上去"、"下来"、"下去"等形式,放在其他动词后作补语,表示动作的方向,这种补语就叫做复合趋向补语。它们的组合形式见下表:

The combination of verbs such as "上", "下", "进", "出", "回", "过", "起" and the simple directional complement "来" or "去" can be used after other verbs as a complement to indicate the direction of an action. These combinations "上来", "上去", "下来", "下去" are known as compound directional complement. Their combination possibilities are shown below:

	上	下	出	进	回	过	起
来	上来	下来	出来	进来	回来	过来	起来
去	上去	下去	出去	进去	回去	过去	

从上表可以看出,"起"只能跟"来"组合,不能跟"去"组合。

From the combinations above we can see "起" can go only with "来", but never with "去".

在复合趋向补语中,"来"、"去"所表示的动作的方向与说话人之间的关系,与简单趋向补语相同。

"来" and "去" in the compound directional complements indicate the same directions as those shown by their corresponding simple directional complements.

这些补语的基本用法分述如下:

The basic usage of the compound directional complements is shown below:

【上来】 表示动作使人或事物由低处向高处移动(说话人在高处)。如:

It indicates the upward movement of a person or a thing through an action (the speaker is in a higher position), e.g.:

（1）他从下面走上来了。

【上去】 表示动作使人或事物由低处向高处移动（说话人在低处）。如：

It indicates the upward movement of a person or a thing through an action (the speaker is in a lower position), e.g.:

（2）我们爬上去吧。

【下来】 表示动作使人或事物由高处向低处移动（说话人在低处）。如：

It indicates the downward movement of a person or a thing through an action (the speaker is in a lower position), e.g.:

（3）你快跑下来吧。

【下去】 表示动作使人或事物由高处向低处移动（说话人在高处）。如：

It indicates the downward movement of a person or a thing through an action (the speaker is in a higher position), e.g.:

（4）我们不能跑，得慢慢儿走下去。

【进来】 表示动作使人或事物由外面向里面移动（说话人在里面）。如：

It indicates the inward movement of a person or a thing through an action (the speaker is inside), e.g.:

（5）我正在房间里看书，他走进来了。

【进去】 表示动作使人或事物由外面向里面移动（说话人在外面）。如：

It indicates the inward movement of a person or a thing through an action (the speaker is outside), e.g.:

（6）我在外面看见他带进去一件东西。

【出来】 表示动作使人或事物由里面向外面移动（说话人在外面）。如：

It indicates the outward movement of a person or a thing through an action (the speaker is outside), e.g.:

（7）我看见一个人从大楼里跑出来。

【出去】 表示动作使人或事物由里面向外面移动（说话人在里面）。如：

It indicates the outward movement of a person or a thing through an action (the speaker is inside), e.g.:

（8）这些书可以在这儿看，不能拿出去。

【回来】 表示动作使人或事物回到原处（说话人在原处）。如：

It indicates that an action enables a person or a thing to return to the original place (the speaker remains in the same position), e.g.:

（9）你们怎么走回来了？怎么没骑自行车？

【回去】 表示动作使人或事物回到原处（说话人不在原处）。如：

It indicates that an action enables a person or a thing to return to the original place (the speaker is away from where he was), e.g.:

（10）你走吧，照片儿洗好了，我会给你寄回去。

【过来】 表示动作使人或事物改变位置或方向（朝向说话人）。如：

It indicates that an action changes the position or the direction of a person or a thing (towards the speaker), e.g.:

（11）玛丽，你在那儿看什么书呢？拿过来让我看看。

【过去】 表示动作使人或事物改变位置或方向（背离说话人）。如：

It indicates that an action changes the position or the direction of a person or a thing (away from the speaker), e.g.:

（12）那边是什么？咱们走过去看看吧。

【起来】 表示由坐卧而站立或由躺而坐。如：

It indicates an upward movement (standing up or sitting up) from a lower position (sitting or lying), e.g.:

（13）不要坐在这儿，快站起来走走。

带有复合趋向补语的动词之后如果有表示处所的宾语，宾语一定要放在"来"或"去"的前边。例如：

The object of location appearing after the verb with a compound directional complement should be placed before "来" or "去", e.g.:

（14）我的朋友住进医院去了。

（15）我看见一个人跑出大楼来了。

（16）这些照片儿我会给你们寄回美国去。

（17）他慢慢儿走回家去。

第十八课

如果宾语不是表示处所的词语，既可以放在"来"或"去"之前，也可以放在"来"或"去"之后。例如：

If such an object is not performed by a word of location it can be either placed before or after "来" or "去", e.g.：

（18）玛丽买回来了很多吃的东西。
（19）杰克带回去一些照片。
（20）他从图书馆借回一本新书来。
（21）他拿出很多钱来。

练习 Exercises

一、朗读下列句子　Read aloud the following sentences

1. 你走过来一点儿。
2. 累了，我要坐下来休息休息。
3. 照片儿洗好了，给我们寄回美国去。
4. 她前天出了交通事故，住进医院去了。
5. 我六点半以前赶回来。

二、替换练习　Substitution drills

1. 孩子们跑<u>上来</u>了。

上去	下来	下去	进来
进去	出来	出去	回来
回去	过来	过去	

2. 他们<u>爬上</u><u>长城</u>去了。

走下	长城
走出	公司
走回	宿舍
走进	电梯

Lesson 18

3. 书包你帮我拿回家。

书	还	图书馆
自行车	骑	学校
照片儿	寄	美国
练习本	送	朱丽叶那儿

4. 一会儿你回来的时候，请帮我买回一份今天的报纸来。

一瓶牛奶	点儿水果
一本词典	一张地图
几张邮票	一些感冒药
一点儿茶叶	那张画儿

5. 她从书包里拿出来一把钥匙。

商店	买回	一个照相机
图书馆	借回	一本书
电影院	买回	几张电影票
三木那儿	拿过	一张地图

三、将适当的复合趋向补语填入下列句子的空格中
Fill in the blanks of the following sentences with appropriate compound directional complements

1. 朱丽叶从书包里拿_____一本词典，看了看又放_____了。
2. 玛丽从文具店买_____一支圆珠笔。
3. 玛丽从银行换_____一些人民币。
4. 三木小姐从商店里买_____一件运动衣。
5. 三木和杰克看完展览走_____了。
6. 朱丽叶买_____四瓶啤酒和两个面包_____。

7. 杰克从大夫那儿拿_____一些药_____。
8. 李先生从外边走_____公司_____了。

四、用所给的动词，带上复合趋向补语完成句子
Complete the following sentences with the given verbs plus compound directional complements

1. 老师让他回答问题，他_____。 （站）
2. 妈妈对朱丽叶说："照片儿洗好了，_____。" （寄）
3. 长城太高，爸爸妈妈爬累了，朱丽叶让他们_____。 （坐）
4. 玛丽的朋友出了交通事故，_____。 （住）
5. 晚上有京剧，玛丽_____。 （赶）
6. 玛丽去医院看朋友，回来的时候，她_____。 （买）
7. 玛丽现在不能回学校，她的自行车_____。 （骑）
8. 玛丽的书包_____。 （拿）

五、把下列词语组成句子
Rearrange the words of each group in the right order

1. 他　很多　回　照片儿　去　寄
2. 本　我　那　已经　书　图书馆　去　了　回　还
3. 上　了　孩子们　去　跑　长城　都
4. 好　洗　了　我　都　照片　已经　了　回　拿　来
5. 能　我　回　六点半　赶　来　以前

补充词语　Additional Words			
京剧	（名）	Jīngjù	Peking Opera

Lesson 18

学写汉字 Characters Writing

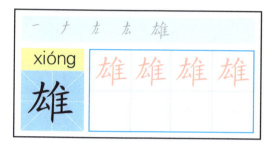
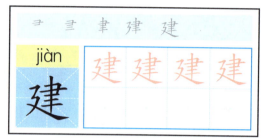
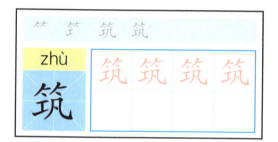

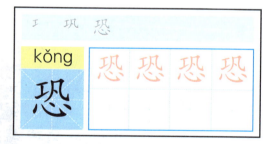

第十九课　Lesson 19

 课文　Text

Tán Lǚyóu
(一) 谈 旅游 (1)
Discuss the Tour (1)

(Jiékè hé liǎng ge xuésheng tán lǚyóu.)
(杰克 和 两个 学生 谈 旅游。)
(Jack and other two students are talking about traveling.)

Xuésheng jiǎ:　Lǎoshī, nín yǐqián láiguo Zhōngguó ma?
学生　甲:　老师，您 以前 来过 中国 吗？

Jiékè:　Láiguo, láiguo hǎo jǐ cì le.
杰克:　来过，来过 好 几 次 了。

Xuésheng yǐ:　Nà nín dōu dàoguo Zhōngguó nǎxiē chéngshì?
学生　乙:　那 您 都 到过 中国 哪些 城市？

Jiékè:　Chúle Běijīng yǐwài, hái dàoguo Shànghǎi, Nánjīng, Hángzhōu, Guǎngzhōu, Guìlín děng dìfang.
杰克:　除了 北京 以外，还 到过 上海、南京、杭州、广州、桂林 等 地方。

学生甲: 您觉得哪个城市最有意思?

杰克: 我觉得哪个城市都挺有意思的,上海有上海的特点,桂林有桂林的特点。

学生乙: 您去过西安没有?

杰克: 还没去过呢,不过,我很快就要去西安了。听说西安有很多名胜古迹,是吧?

学生甲: 是,到西安旅游,对了解中国传统文化很有好处,可以学到很多中国历史知识。

杰克: 当然,那儿曾经是中国政治、经济和文化的中心嘛。

学生乙: 老师,您什么时候去?

杰克: 这个周末。我已经通过旅行社办好手续了。哎,你们去过西安没有?

学生甲: 我们俩都是西安人。

| 杰克: | Zhēn de a? Nà wǒ yīnggāi qǐng nǐmen dāng dǎoyóu a.
真的啊？那我应该请你们当导游啊。 |

| 学生 乙: | Yǐhòu yǒu jīhuì yídìng qǐng nín qù yí tàng Xī'ān.
以后有机会一定请您去一趟西安。 |

(二) 谈 旅游 (2)
Tán Lǚyóu
Discuss the Tour (2)

(Mǎlì hé Zhūlìyè tán shǔjià lǚyóu jìhuà.)
(玛丽和朱丽叶谈暑假旅游计划。)
(Mary and Juliet are talking about their tour planning for summer vacation.)

| 玛丽: | Nǐ zhīdao Jiékè zhè liǎng tiān shàng nǎr le ma?
你知道杰克这两天上哪儿了吗？ |

| 朱丽叶: | Nǐ zhǎo tā?
你找他？ |

| 玛丽: | Duì. Zuótiān wǒ zhǎoguo tā liǎng cì, tā dōu bú zài.
对。昨天我找过他两次，他都不在。 |

| 朱丽叶: | Tā shàng Xī'ān lǚxíng qù le, xià xīngqīyī huílai.
他上西安旅行去了，下星期一回来。 |

| 玛丽: | Ō. Āi, nǐ qùguo Xī'ān méiyǒu?
噢。哎，你去过西安没有？ |

| 朱丽叶: | Wǒ qùguo le, Xī'ān búcuò, shì Zhōngguó zhùmíng de gǔchéng,
我去过了，西安不错，是中国著名的古城，
nǐ qùguo ma?
你去过吗？ |

| 玛丽: | Méi qùguo. Wǒ dǎsuàn shǔjià qù, yí fàng jià wǒ jiù qù.
没去过。我打算暑假去，一放假我就去。
Cānguān wán Xī'ān yǐhòu, wǒ hái yào qù Gānsù hé Xīnjiāng.
参观完西安以后，我还要去甘肃和新疆。 |

朱丽叶: Yán gǔdài Sīchóu zhī Lù lǚxíng yí cì, zhè jìhuà búcuò.
沿古代丝绸之路旅行一次，这计划不错。

玛丽: Shíyī diǎn duō le, wǒ děi zǒu le.
十一点多了，我得走了。

朱丽叶: Bié zǒu le, zhōngwǔ wǒ qǐng nǐ chī fàn.
别走了，中午我请你吃饭。

玛丽: Nǐ qǐng wǒ chī fàn, chī shénme?
你请我吃饭，吃什么？

朱丽叶: Nǐ chīguo jiǎozi ma?
你吃过饺子吗？

玛丽: Dào Zhōngguó lái yǐhòu jiù chīguo yí cì.
到中国来以后就吃过一次。

朱丽叶: Zhōngwǔ wǒ qǐng nǐ chī jiǎozi, wǒmen zhèr de shítáng,
中午我请你吃饺子，我们这儿的食堂，
měi tiān zhōngwǔ dōu yǒu jiǎozi hé bāozi, yòu piányi yòu hǎo-
每天中午都有饺子和包子，又便宜又好
chī. Zǒu, wǒmen xiànzài jiù qù shítáng.
吃。走，我们现在就去食堂。

词语 New Words

城市	（名）	chéngshì	city
除了…以外		chúle...yǐwài	a part from, except, besides
等	（助）	děng	and so on
最	（副）	zuì	most
特点	（名）	tèdiǎn	characteristics

第十九课

名胜古迹		míngshèng gǔjì	place of historic interest and scenic
了解	（动）	liǎojiě	to understand
传统	（名、形）	chuántǒng	tradition, traditional
好处	（名）	hǎochù	benefit, advantage
知识	（名）	zhīshi	knowledge
曾经	（副）	céngjīng	once
政治	（名）	zhèngzhì	politics
经济	（名）	jīngjì	economy
中心	（名）	zhōngxīn	center
嘛	（助）	ma	(a particle)
通过	（介）	tōngguò	through
旅行社	（名）	lǚxíngshè	tourist agency
俩	（数）	liǎ	both, two
当	（动）	dāng	to act as
导游	（名）	dǎoyóu	(tourist) guide
机会	（名）	jīhuì	chance
著名	（形）	zhùmíng	famous
古城	（名）	gǔchéng	ancient city
放假		fàng jià	to have vacation or a holiday
沿	（介）	yán	along
古代	（名）	gǔdài	ancient times
中午	（名）	zhōngwǔ	noon, midday
吃饭		chī fàn	to eat (one's meal)
饺子	（名）	jiǎozi	dumpling

Lesson 19

包子	（名）	bāozi	steamed bread stuffed with meat and vegetables, etc.
便宜	（形）	piányi	cheap
好吃	（形）	hǎochī	delicious

专名　Proper nouns

上海	Shànghǎi	name of a city
南京	Nánjīng	name of a city
杭州	Hángzhōu	name of a city
广州	Guǎngzhōu	name of a city
桂林	Guìlín	name of a city
西安	Xī'ān	name of a city
甘肃	Gānsù	Gansu Province
新疆	Xīnjiāng	the Xinjiang Uygur Autonomous Region
丝绸之路	Sīchóu zhī Lù	the Silk Road

重点句式 Key Sentence Patterns

1　您以前来过中国吗？
Have you ever been to China before?

2　那您都到过中国哪些城市？
Which cities in China have you been to?

3　除了北京以外，（我）还到过上海、南京、杭州、广州、桂林等地方。
Besides Beijing, I've also been to Shanghai, Nanjing, Hangzhou, Guangzhou, Guilin and some other places.

第十九课

4 上海有上海的特点，桂林有桂林的特点。
Shanghai has its own unique features, so does Guilin.

5 我还没去过西安呢。
I've not been to Xi'an yet.

6 昨天我找过他两次，他都不在。
I tried to visit him twice yesterday, but he wasn't there.

7 我打算暑假去，一放假我就去。
I'm going to (Xi'an) as soon as summer vacation starts.

8 你吃过饺子吗？
Have you ever tried dumplings?

9 到中国来以后就吃过一次。
Only once since I've been in China.

注释 Notes

一、我觉得哪个城市都挺有意思的

疑问代词"哪"、"哪儿"、"什么"、"谁"等除了表示疑问，还可以用来表示"任何一个"，句中常用"都"或"也"呼应。例如：

The interrogative pronouns such as "哪", "哪儿", "什么" and "谁" etc., mean "any of..." apart from their interrogative usage. When functioning so, they often require "都" or "也" in the sentence, e.g.:

（1）这些城市我哪个都没去过。——"哪个"代表任何一个(any of them)。
（2）我星期天哪儿都不去。　——"哪儿"代表任何地方(anywhere)。
（3）他什么都吃。　　　　　——"什么"代表任何(吃的)东西(anything)。
（4）这件事我谁都没告诉。——"谁"代表任何人(anybody)。

二、上海有上海的特点，桂林有桂林的特点

这句话意思是，这两个城市没法比较，都有自己独特的地方。类似的

Lesson 19　55

说法如:"英语难还是汉语难?——英语有英语难的地方,汉语也有汉语难的地方。"

This sentence means "The two cities are not comparable, since each has its unique characteristic". Here is a similar expression:"英语难还是汉语难?——英语有英语难的地方,汉语也有汉语难的地方。"

三、我们俩都是西安人

"俩",即"两个",用于口语。又如:"俩人"、"俩朋友"、"俩本子"、"俩哥哥"。

In spoken Chinese "俩" means "two" as in "俩人", "俩朋友", "俩本子" and "俩哥哥".

四、一放假我就去

"一……就……"格式用来表示一种动作或情况出现后紧接着出现另一种动作或情况。又如:"他一来我们就走。""今天晚上我一吃完饭就去找你。""这个问题老师一说大家就明白了。"

"一……就……" indicates that one action or situation occurs immediately after another, e.g.:"他一来我们就走。""今天晚上我一吃完饭就去找你。""这个问题老师一说大家就明白了。"

五、又便宜又好吃

"又……又……"格式,用来联系并列的动词结构或形容词结构,强调两种情况并存。又如:"这个人又高又大。""他说英语说得又慢又不清楚。""这件运动衣又便宜又漂亮。""大家都很高兴,又说又笑 (xiào, laugh)。"

"又……又……" is used to connect two coordinate verbal or adjectival structures, indicating the co-existence of two situations, e.g.:"这个人又高又大。""他说英语说得又慢又不清楚。""这件运动衣又便宜又漂亮。""大家都很高兴,又说又笑。"

第十九课

语法 Grammar

一、动态助词"过"　The aspectual particle "过"

动态助词"过"放在动词之后，表示某种动作在过去发生，强调曾经有过这种经历。否定形式是"没(有) + 动词 + 过"。例如：

The aspectual particle "过" used after a verb indicates a past action or experience. Its negative form is "没(有) + verb", e.g.:

名词或代词（+ "没有/没"）+ 动词 + "过" + 名词或代词				
N. or Pron. （+ 没有/没） + V. + 过 + N. or Pron.				
（1）我		去	过	西安了，这次我不去了。
（2）谁		吃	过	这种东西？好吃吗？
（3）我们	没有	做	过	这种练习。
（4）大家 都	没	喝	过	这种酒，这是第一次。

正反疑问式可以用下列格式：
Its affirmative-negative form is:

动词	+	"过"	+	"没有"？
V.	+	过	+	没有？
（5）你 去		过		桂林　没有？
（6）他 看		过		这本书　没有？

二、动量词和动量补语

Verbal measure words and verbal complements

（一）动量词　Verbal measure words

汉语的量词有两类，一类是表示事物数量单位的量词，叫做名量词，如"个、位、张、公斤"等；另一类是表示动作或变化次数单位的量词，叫做动量词，如"次、下、回、遍、趟"等。

Chinese measure words can be divided into two types: nominal measure words such as "个、位、张、公斤" etc.；verbal measure words such as "次、下、回、遍、趟" etc. Nominal measure words are used to denote the number or quantity of things whereas verbal measure words are used to denote the times of actions or changes.

（二）动量补语　　Verbal complement

动量补语是由数词与动量词构成的，用来说明动作的次数。例如：

A verbal complement is formed by a numeral and a verbal measure word for denoting times of an action，e.g.：

（1）这种酒我喝过一次。
（2）去年我只去过一趟上海。
（3）这本小说我看过两遍了。
（4）这样的事故，在这儿已经出过很多次了。

动词如果有宾语，动量补语的位置有两种情况：

If the verb takes an object, the verbal complement can be put in two positions：

1. 宾语是名词，动量补语一般放在宾语之前。例如：

If the object is performed by a noun, the verbal complement is generally put before the object，e.g.：

名词或代词 +	动词 +	动态助词 +	动量补语 +	名词
N. or Pron. +	V. +	A.P. +	V.C. +	N.
（5）我	看	过	一次	中国电影。
（6）我给他	打	了	好几次	电话。
（7）她	出	过	两次	错儿。

2. 宾语是代词，动量补语一般放在宾语之后。例如：

If the object is performed by a pronoun, the verbal complement is generally put after the object，e.g.：

| 名词或代词 | + 动词 | + 动态助词 | + 代词 | + 动量补语 |
N. or Pron.	+ V.	+ A.P.	+ Pron.	+ V.C.
(8) 我	看到	过	他	两次。
(9) 玛丽	去	过	那儿	几次？
(10) 我们	找	过	你	很多次，你都不在家。

"一下儿"作动量补语时，可以表示动作经历的时间短暂或表示轻松随便。例如：

When functioning as a verbal complement, "一下儿" indicates a brief action with lighter informality, e.g.:

(11) 你过来一下儿，我有事找你。

(12) 这件事谁能告诉三木一下儿？

(13) 这些东西你看一下儿。

(14) 请您等一下儿，我一会儿就回来。

练习 Exercises

一、朗读下列句子　Read aloud the following sentences

1. 您以前来过中国吗？
2. 我还没去过西安呢。
3. 昨天我找过他两次，他都不在。
4. 到中国来以后就吃过一次饺子。

二、替换练习　Substitution drills

1. A：您以前来过中国吗？
   B：来过。
   A：来过几次？
   B：来过好几次。

去	长城
来	北京
看	中国电影

2. A：您去过西安没有？
　　B：我去过西安了。你呢？
　　A：我还没去过西安呢。

上海	南京
杭州	广州
桂林	北京

3. A：你吃过饺子吗？
　　B：到中国以后就吃过一次饺子。

吃	包子
看	中国电影
参观	展览
参加	足球比赛
滑	冰
游	泳

4. 你知道杰克上哪儿了吗？昨天我找过他两次，他都不在。

来	这儿
去	他那儿
看	他

三、用"过"和"次"改写下面的句子
Rewrite the following sentences with "过" and "次"

例 Example：

杰克：前年和去年我来中国了，今年又来中国了。
　　　杰克来过三次中国。

1. 玛丽：昨天上午我来找杰克，下午又来找杰克，他都不在。
2. 玛丽：来中国以后我常常吃包子和饺子。
3. 玛丽：我爸爸和妈妈上个星期去长城了。
4. 玛丽：我哥哥上个月来中国了，这是他第一次来中国。
5. 三木：我和杰克前天去滑冰了，昨天又去滑冰了。
6. 王经理：这个星期李先生来找我了。
7. 玛丽：我朋友出了交通事故，住进医院了，我去医院看他了。

8. 杰克：我来北京以后，身体一直很好，前几天我感冒了。

四、把下列词语组成句子
Rearrange the words of each group in the right order

1. 京剧 以前 看 来 没有 中国 我 过
2. 中国菜 次 很多 过 吃 她
3. 展览 美术 次 很多 喜欢 参观 过 她 最
4. 没 以后 中国 他 来 感冒 过
5. 我 他 过 看见 门口 在

五、用动词加"过"和"次"回答问题或完成对话，然后跟读
Make dialogues or answer questions with appropriate verbs plus "过" or "次", and read after the demonstration

1. 问：　你去过长城没有？
   玛丽：　_____，"不到长城非好汉"嘛。

2. 问：　这是什么地方？
   杰克：　这是桂林，_____。

3. 问：　这是什么东西？
   玛丽：　北京烤鸭，很好吃，_____。

4. 问：　你知道这是什么吗？
   玛丽：　这是京剧。_____。

5. 问：　这是什么名胜古迹？
   朱丽叶：　这是西安的"兵马俑"，很了不起的名胜古迹。
   玛丽：　朱丽叶，你去过西安吗？
   朱丽叶：　_____，西安是中国著名的古城，应该去看看。

六、按照实际情况回答问题
Answer the following questions according to actual situations

1. 你去过哪些国家？去过几次？
2. 这个月你看过电影没有？看过几次？
3. 你参加过比赛没有？参加过什么比赛？参加过几次？
4. 你参观过什么展览？参观过几次？
5. 这个星期你去过商店没有？去过几次？
6. 你去过（来过）中国没有？去过什么地方？你最喜欢什么地方？
7. 你在你们国家吃过中国菜吗？吃过几次？你能说出菜的名字吗？

补充词语　Additional Words

前年	（名）	qiánnián	the year before last
常常	（副）	chángcháng	often
国家	（名）	guójiā	country; state
菜	（名）	cài	dish

 学写汉字　Characters Writing

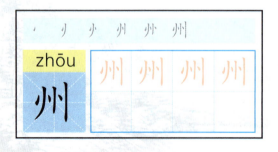

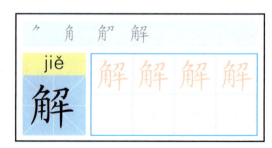

第十九课

第二十课　Lesson 20

 课文　Text

（一）谈 住 院
Tán Zhù Yuàn

Talk about Being in Hospital

(Mǎlì tán dào yīyuàn kànwàng bìngrén.)
（玛丽 谈 到 医院 看望 病人。）
(Mary talks about her visiting a patient in the hospital.)

Zhūlìyè: Tīngshuō Sānmù xiǎojie chūle jiāotōng shìgù, zhùjìn yīyuàn le, shì ma?
朱丽叶：听说 三木 小姐 出了 交通 事故，住进 医院 了，是 吗？

Mǎlì: Shì, zuótiān wǒ qù kàn tā le.
玛丽：是，昨天 我 去 看 她 了。

Zhūlìyè: Zěnme ·gǎo de?
朱丽叶：怎么 搞 的？

Mǎlì: Sānmù shuō, nà tiān xiàwǔ xià bān, tā qízhe chē zhèng yào
玛丽：三木 说，那天 下午 下班，她 骑着 车 正 要

guǎi wānr de shíhou, yí ge qí zìxíngchē de niánqīngrén tūrán cóng
拐弯儿的时候，一个骑自行车的年轻人 突然 从

旁边骑过去，两个人撞在一起，都受了伤。

朱丽叶：严重吗？

玛丽：还好，不严重，脸上没有伤，眼睛、鼻子、耳朵、嘴、牙齿都没什么问题，主要是腿和脚。

朱丽叶：手和胳膊伤了没有？

玛丽：手和胳膊有点儿伤，现在都好了。

朱丽叶：能走路了吗？

玛丽：不行，腿脚还没完全好，不能走路，所以每天从早到晚不是坐着就是躺着。

朱丽叶：她喜欢看书，正好每天躺着看书。

玛丽：是啊，她说已经看完两本小说了。

朱丽叶：是那套《现代青年作家作品选》吗？

玛丽：大概是吧。

朱丽叶：她什么时候可以出院？

玛丽：大夫说还得一个星期。

朱丽叶：这两天我也找个时间去看看她。

（二）看照片
Enjoy Photos

（朱丽叶在杰克宿舍看照片。）
(Juliet enjoys photos in Jack's room.)

杰克：你看看，这是上个星期天我们在公园玩儿的时候照的照片。

朱丽叶：照得不错，挺有意思的。这些都是你的学生吗？

杰克：大部分是，有几个不是。

朱丽叶：你骑着马照的这一张非常有意思。

杰克：我觉得那张照得最好。手里拿着毛衣的那张照得怎么样？

Zhūlìyè: 朱丽叶：	Nà yì zhāng yě hái kěyǐ. Āi, nǐ wū li zěnme zhème lěng a? 那一张也还可以。哎，你屋里怎么这么冷啊？
	Nǐ kāizhe chuānghu ne ba? 你开着窗户呢吧？
Jiékè: 杰克：	Duì, yào bu yào guānshang? 对，要不要关上？
Zhūlìyè: 朱丽叶：	Suàn le, kāizhe jiù kāizhe ba. 算了，开着就开着吧。
Jiékè: 杰克：	Nǎ tiān wǒmen yě kāizhe chē dào gōngyuán qù wánrwanr, zěnmeyàng? 哪天我们也开着车到公园去玩儿玩儿，怎么样？
Zhūlìyè: 朱丽叶：	Zhè jǐ tiān bùxíng, zhè jǐ tiān wǒ máng zhene, xià xīngqī yǒu liǎng mén kè yào kǎoshì, děng wǒ kǎowán yǐhòu zài zhǎo yì tiān qù ba. 这几天不行，这几天我忙着呢，下星期有两门课要考试，等我考完以后再找一天去吧。
Jiékè: 杰克：	Xíng, děng nǐ kǎowán yǐhòu zàishuō. 行，等你考完以后再说。

词语　New Words

住院		zhù yuàn	to be hospitalized
着	（助）	zhe	(a particle)
正	（副）	zhèng	just
拐弯儿		guǎi wānr	to turn

年轻人	（名）	niánqīngrén	young person
突然	（形）	tūrán	sudden
撞	（动）	zhuàng	bump, collide
受伤		shòu shāng	to be wounded
严重	（形）	yánzhòng	serious
脸	（名）	liǎn	face
伤	（名）	shāng	wound
眼睛	（名）	yǎnjing	eye
鼻子	（名）	bízi	nose
耳朵	（名）	ěrduo	ear
嘴	（名）	zuǐ	mouth
牙齿	（名）	yáchǐ	tooth
没什么		méi shénme	nothing
主要	（形）	zhǔyào	main
腿	（名）	tuǐ	leg
脚	（名）	jiǎo	feet
手	（名）	shǒu	hand
胳膊	（名）	gēbo	arm
走路		zǒu lù	to walk
完全	（副）	wánquán	completely, entirely
每天		měi tiān	every day
躺	（动）	tǎng	to lie
正好	（副）	zhènghǎo	just in time
小说	（名）	xiǎoshuō	novel
套	（量）	tào	set (*a measure word*)

第二十课

现代	（名）	xiàndài	modern
青年	（名）	qīngnián	youth
作家	（名）	zuòjiā	writer
作品	（名）	zuòpǐn	works
选	（名）	xuǎn	selection
出院		chū yuàn	to be discharged from hospital
公园	（名）	gōngyuán	park
部分	（名）	bùfen	part
毛衣	（名）	máoyī	woolen sweater
屋里		wū li	in the room
这么	（代）	zhème	so, such
窗户	（名）	chuānghu	window
关上		guānshang	to close
算了		suàn le	forget it
再说	（动）	zàishuō	to put off until some time later

 重点句式 **Key Sentence Patterns**

1 怎么搞的？
   What's wrong?

2 她骑着车正要拐弯儿的时候，一个骑自行车的年轻人突然从旁边骑过去，两个人撞在一起，都受了伤。
   When she was riding the bike and turning at the corner, a young man on a bike tried to pass her. They collided and both were injured.

3 每天从早到晚不是坐着就是躺着。
From morning to night, he's either sitting or lying down.

4 大夫说还得一个星期。
The doctor said she should be well in one more week.

5 你骑着马照的这一张非常有意思。
The picture of your riding the horse is very funny.

6 你屋里怎么这么冷啊?
Why is it so cold in your house?

7 你开着窗户呢吧?
Have you left the windows open?

8 哪天我们也开着车到公园去玩儿玩儿,怎么样?
How about driving to the park someday for fun?

9 这几天不行,这几天我忙着呢。
I can't make it then because I'm really busy.

注释 Notes

一、住进医院了

由于生病而住进医院治疗叫"住院",结束治疗离开医院,叫"出院"。例如,"他的病很重,已经住院了,不知道什么时候才能出院。"

"住院" means "to be hospitalized for medical treatment". "出院" means "to be discharged from hospital after recovery", e.g.: "他的病很重,已经住院了,不知道什么时候才能出院。"

二、还好,不严重

"还",常用来表示某种语气,这里表示勉强过得去,把事情往小里、轻里说。又如："你最近怎么样？——还行。""他做的饺子还不错。""他说汉语说得不是特别好，但是还可以。"

"还" is used here to soften the tone, meaning "fortunately"; still can go on with, or "not bad", e.g.: "你最近怎么样？——还行。""他做的饺子还不错。""他说汉语说得不是特别好，但是还可以。"

三、没什么问题

疑问代词"什么"，在这儿表示不确定的事物。又如："关于这件事，我没什么好说的。"

The interrogative pronoun "什么" here indicates something indefinite, e.g.: "关于这件事，我没什么好说的。"

四、大夫说还得一个星期

"得"，在这儿是动词，意思是"需要"。又如："去广州，路上得二十多个小时。""这件衣服得一百块钱。"

Here "得" is a verb, meaning "need", e.g.: "去广州，路上得二十多个小时。""这件衣服得一百块钱。"

五、算了，开着就开着吧

"算了"，表示放弃某种企图或打算。又如："算了吧，别去了，要下雨了。""算了，你太忙了，别来看我了，有时间我去看你吧。"

"算了" means "give up", e.g.: "算了吧，别去了，要下雨了。""算了，你太忙，别来看我了，有时间我去看你吧。"

"就"用在两个相同的词语中间，可以表示容忍、无所谓。又如："吃饺子就吃饺子，吃包子就吃包子，我都行。""今天的作业你还没做完，怎么去看电影啊？——没做完就没做完，看完电影回来再做呗。"

When used between a word and its repeated form, "就" shows an attitude of florence or in difference, e.g.: "吃饺子就吃饺子，吃包子就吃包子，我都行。"

"今天的作业你还没做完,怎么去看电影啊?——没做完就没做完,看完电影回来再做呗。"

六、哪天我们也开着车到公园去玩儿玩儿,怎么样?

"哪"在这儿用来虚指,表示不确定的一个。"哪天",意思就是"某一天"。疑问代词"哪"、"什么"、"哪儿"、"谁"等都可以用来虚指。例如:"哪天你到我家坐坐,咱们得好好儿聊聊。""我去商店买点什么吃的。""我在哪儿看过这个电影,挺有意思的。""今天早上好像有谁找你。"

"哪" is used here for an indefinite reference. "哪天" means "one day". The interrogative pronouns such as "哪","什么","哪儿" and "谁" can all be used in this manner, e.g.: "哪天你到我家坐坐,咱们得好好儿聊聊。""我去商店买点什么吃的。""我在哪儿看过这个电影,挺有意思的。""今天早上好像有谁找你。"

七、这几天我忙着呢

"着呢"用在形容词后,强调某种性质或状态,含有夸张的意味。又如:"北京大着呢。""这儿的饺子好吃着呢。""我们的汉语老师教得好着呢。""听说下个星期的考试难着呢。"

"着呢" used after an adjective lays stress on a quality or a state somewhat in an exaggerative way, e.g.: "北京大着呢。""这儿的饺子好吃着呢。""我们的汉语老师教得好着呢。""听说下个星期的考试难着呢。"

八、等你考完以后再说

"再说",意思是"再商量"、"再决定"。又如:"这件事以后再说吧,现在还早。""你先好好儿学汉语,工作的事,毕业以后再说。""今天没时间,明天再说。"

"再说" means "let's discuss it later" or "let's decide it later", e.g.: "这件事以后再说吧,现在还早。""你先好好儿学汉语,工作的事,毕业以后再说。""今天没时间,明天再说。"

语法 Grammar

一、动态助词"着"　The aspectual particle "着"

动态助词"着"主要表示动作或状态的持续。我们先看看下面几个例子，理解什么是动作的持续：

The aspectual particle "着" mainly shows the continuity of an action or a state. Let's see what is meant by the continuity of an action from the following examples:

（1）你们先坐着，我打个电话就来。

（要求听话人持续"坐"这一动作）

(The listener is requested to remain in the chair.)

（2）他们喝着茶，看着书，很舒服。

（"喝"、"看"的动作一直持续）

(They keep drinking and reading.)

（3）他今天不舒服，一直躺着。

（4）大家都站着，没有人愿意坐下来。

带动态助词"着"的句子的否定式是："没有 / 没 + 动词 + 着"。例如：
The negative form of a sentence with "着" is "没有 / 没 + 动词 + 着", e.g.:

（5）他没躺着，他坐着呢。

正反疑问式是："动词+着+没有"或"动词+没+动词+着"：
Its affirmative-negative form is "verb+着+没有" or "verb+没+verb+着":

（6）这个字书上写着没有？

（7）你带没带着照相机？

注意：带动态助词"着"的动词后面不能再有其他补语。

Points to be noted: No complement can be used after the verb in a sentence with an aspectual particle "着".

"着"常常出现在连动句的第一个动词后面，用来说明后一个动词所代表的动作或行为的方式。例如：

In a sentence with verbal constructions in series "着" often appears after the first verb to describe the manner of an action or a behavior represented by the second verb, e.g.:

(8) 我们没有自行车，只好走着去那儿。
(9) 他从早到晚躺着看书。
(10) 玛丽看着书回答老师的问题。
(11) 杰克手里拿着毛衣照了一张照片。

动态助词"着"有时出现在表示动作正在进行的句子里，因为持续的动作往往是正在进行的动作。例如：

Sometimes the aspectual particle "着" appears in a sentence in which a progressive action is indicated, for, more often than not, a continual action is no other than a progressive one, e.g.:

(12) 快来，我们正等着你呢。
(13) 我不能去，我正做着饭呢。

动态助词"着"常表示动作进行后，某物处于某种状态。例如：

The aspectual particle "着" often indicates the state in which something is after an action took place, e.g.:

(14) 教室的窗户开着。
(15) 本子上写着他的名字。

二、"不是……就是……"

"不是"与"就是"连用，构成"不是……就是……"，表示二者必居其一的选择关系。例如：

The structure "不是……就是……" formed by "不是" and "就是" together indicates that must be made from two of the possibilities, e.g.:

(1) 他每天不是看书就是做练习。
(2) 她的毛衣不是红的就是黑的，没有别的颜色。

第二十课

(3) 你得站起来走走，从早到晚不是躺着就是坐着，多没意思。

(4) 他的房间里不是中文书，就是中文报纸，没有日文的东西。

练习 Exercises

一、朗读下列句子　Read aloud the following sentences

1. 她骑着车正要拐弯儿的时候，一个骑自行车的年轻人突然从旁边骑过去，两个人撞在一起，都受了伤。
2. 她每天从早到晚不是坐着就是躺着。
3. 你屋里怎么这么冷啊？你开着窗户呢吧？
4. 哪天我们也开着车到公园去玩儿玩儿，怎么样？
5. 这几天我忙着呢。

二、看图，用动词 + "着" 回答问题

1.

问：窗户开着没有？

2.

问：他们做什么呢？

3.

问（1）：老师怎么讲课？
问（2）：学生们怎么听课？

4.

问：杰克怎么写信呢？

Lesson 20　75

5.

问（1）：玛丽拿着什么呢？
问（2）：玛丽怎么来拜访朋友？

6.

问：朱丽叶星期天怎么去农村？

7.

问：他们在长城上站着呢吗？

8.

问：杰克怎么照相？

9.

问（1）：三木小姐怎么看书呢？
问（2）：三木小姐躺着做什么呢？

10.

问：玛丽怎么看报呢？

三、把下列词语组成句子
Rearrange the words of each group in the right order

1. 着　门口　自行车　放　很　多
2. 词典　着　本子　书包　放　里　和　书

3. 早上 咖啡 每天 茶 他 就是 喝 不是 喝
4. 喜欢 着 看 躺 他 小说
5. 以后 不是 做练习 下课 他 在 宿舍 看书 图书馆 去 就是
6. 王经理 茶 常 看 着 喝 晚上 电视
7. 星期日 着 去 孩子 爸爸妈妈 常常 运动 带
8. 喝 吃 不是 在……的时候 家 他 就是

四、选择正确答案　Multiple choice

1. 那本小说在哪儿呢？（　　）
   A. 在桌子上放着呢。　　B. 放着在桌子上呢。
   C. 放在桌子上着呢。　　D. 放在着桌子上呢。

2. 我的笔没有了，你看见了没有？（　　）
   A. 你看，放着一支笔书下边，是你的吗？
   B. 你看，书下边放着一支笔，是你的吗？
   C. 你看，放在书下边一支笔，是你的吗？
   D. 你看，一支笔放着书下边，是你的吗？

3. 你做什么呢？（　　）
   A. 我谈着话喝着呢。　　B. 我喝着茶呢谈话。
   C. 我喝着茶看报呢。　　D. 我喝着茶睡觉呢。

4. 你的书包里放着什么呢？（　　）
   A. 我的书包里放在水果呢。　　B. 放着我的书包里水果呢。
   C. 放着水果在我的书包里。　　D. 我的书包里放着水果呢。

五、用指定词语完成对话　Make dialogues with the given words

1. A：你带词典来了吗？
   B：带来了，在_____，你拿吧。（放）
   A：谢谢。

2. A：上个周末你去哪儿了？
　　B：我去郊区玩儿了。
　　A：真的？＿＿＿＿＿＿？（怎么）
　　B：我跟朋友一起＿＿＿＿＿＿。（骑）
　　A：你们照相了吗？
　　B：照了，我们＿＿＿＿＿＿，照了不少相。（带）

六、用动词+"着"说一说你房间里的东西放的位置
Describe how things are arranged in your room with verbs plus "着"

补充词语　Additional Words

讲课		jiǎng kè	to give a class, to lecture; to teach
听课		tīng kè	to take a class, to attend a lecture; to sit in on a class
拜访	（动）	bàifǎng	to pay a visit; to call on
照相		zhào xiàng	to take pictures
不少	（形）	bùshǎo	many

 学写汉字 Characters Writing

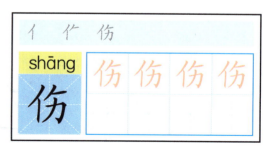

 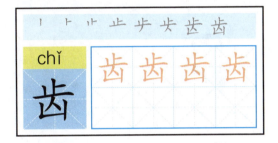

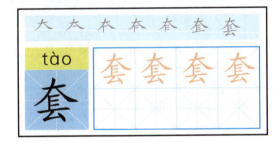 

第二十一课 Lesson 21

 课文 Text

(一) 谈 学习 汉语 的 经历
Tán Xuéxí Hànyǔ de Jīnglì
Talk about the Experience of the Chinese Study

(Jiékè hé Sānmù tán gèzì xuéxí Hànyǔ de jīnglì.)
(杰克 和 三木 谈 各自 学习 汉语 的 经历。)
(Jack and Miky talk about their own experiences in learning Chinese.)

Jiékè / 杰克: Nǐ zhè cì huí Rìběn, shì wèi gōngsī bàn shì háishi huí guó xiū jià?
你 这次 回 日本，是 为 公司 办事 还是 回 国 休假？

Sānmù / 三木: Wèi gōngsī bàn shì, dāngrán yě huì shùnbiàn huí jiā kànkan fùqin mǔqin hé qīnqi péngyou.
为 公司 办事，当然 也 会 顺便 回 家 看看 父亲 母亲 和 亲戚 朋友。

Jiékè / 杰克: Huíqu jǐ tiān?
回去 几 天？

Sānmù / 三木: Huíqu yí ge xīngqī, yuèdǐ huílai.
回去 一 个 星期，月底 回来。

Jiékè / 杰克: Fàng jià yǐhòu wǒ yě yào huí guó kànkan, wǒ yǐjīng zài Zhōngguó dāile
放 假 以后 我 也 要 回 国 看看，我 已经 在 中国 呆了

第二十一课

wǔ nián le.
五 年 了。

Sānmù: Wǔ nián le? Nà nǐ zài Zhōngguó gōngzuò jǐ nián le?
三木： 五 年 了？那 你 在 中国 工作 几 年 了？

Jiékè: Kuài liǎng nián le.
杰克： 快 两 年 了。

Sānmù: Nǐ xuéle jǐ nián Hànyǔ?
三木： 你 学了 几 年 汉语？

Jiékè: Yào shuō wǒ xué Hànyǔ de lìshǐ, nà jiù cháng le. Wǒmen jiā
杰克： 要 说 我 学 汉语 的 历史，那 就 长 了。我们 家

zhù de nà ge chéngshì huáqiáo hěn duō, shàng xiǎoxué de shíhou,
住 的 那 个 城市 华侨 很 多，上 小学 的 时候，

wǒ jiù xuéle yì nián Hànyǔ. Shàng zhōngxué shí, wǒ xuéle
我 就 学了 一 年 汉语。上 中学 时，我 学了

liǎng nián. Zài dàxué shí, yòu xuéle yì nián. Hòulái yòu dào
两 年。在 大学 时，又 学了 一 年。后来 又 到

Zhōngguó lái xuéle sān nián. Bì yè yǐhòu jiù liú zài Zhōngguó
中国 来 学了 三 年。毕业 以后 就 留 在 中国

zuò màoyì hé fānyì gōngzuò. Suǒyǐ, wǒ yígòng xuéle qī nián
做 贸易 和 翻译 工作。所以，我 一共 学了 七 年

Hànyǔ.
汉语。

Sānmù: Guàibude nǐ Hànyǔ shuō de zhème hǎo, zhème liúlì.
三木： 怪不得 你 汉语 说 得 这么 好，这么 流利。

Jiékè: Bù gǎn dāng, bù gǎn dāng. Nǐ xuéle duō cháng shíjiān de Hànyǔ?
杰克： 不 敢 当，不 敢 当。你 学了 多 长 时间 的 汉语？

Sānmù: Wǒ yígòng xuéle sān nián. Zài Rìběn xuéle liǎng nián, zài Zhōngguó
三木： 我 一共 学了 三 年。在 日本 学了 两 年，在 中国

Lesson 21

xuéle yì nián.
学了一年。

杰克 Jiékè: Nǐ zài Zhōngguó gōngzuò jǐ nián le?
你 在 中国 工作 几 年 了？

三木 Sānmù: Wǒ zài Zhōngguó gōngzuò sān nián le. Wǒ xiān zài Shànghǎi
我 在 中国 工作 三 年 了。我 先 在 上海

gōngzuò le liǎng nián, zài Běijīng gōngzuò yì nián le. Āi, nǐ
工作 了 两 年，在 北京 工作 一 年 了。哎，你

shàng xīngqī qù Xī'ān lǚxíng, zài nàr dāile jǐ tiān?
上 星期 去 西安 旅行，在 那儿 呆了 几 天？

杰克 Jiékè: Zhǐ dāile sān tiān, wǒ děi gǎn huilai shàng kè a.
只 呆了 三 天，我 得 赶 回来 上 课 啊。

Zài Huǒchēzhàn Jiē Péngyou
(二) 在 火车站 接 朋友
Meet Friends at the Railway Station

(Mǎlì hé Zhūlìyè zài huǒchēzhàn jiē péngyou.)
(玛丽 和 朱丽叶 在 火车站 接 朋友。)
(Mary and Juliet are meeting a friend at the railway station.)

玛丽 Mǎlì: Huǒchē jǐ diǎn dào?
火车 几 点 到？

朱丽叶 Zhūlìyè: Yīnggāi qī diǎn èrshí dào
应该 七 点 二十 到

zhàn, xiànzài yǐjīng wǎn diǎn
站，现在 已经 晚 点

shí fēn zhōng le.
十 分 钟 了。

第二十一课

玛丽: Qǐngwèn, cóng Guǎngzhōu lái de huǒchē wǎn diǎn duō cháng shíjiān?
请问，从广州来的火车晚点多长时间？

服务员: Yí kè zhōng. Xiànzài lièchē mǎshàng jiùyào jìn zhàn le.
一刻钟。现在列车马上就要进站了。

(Huǒchē dào zhàn)
（火车到站）

朋友: Nǐmen hǎo. Děng bàntiān le ba?
你们好。等半天了吧？

朱丽叶: Děngle kuài bàn ge xiǎoshí le. Cóng Guǎngzhōu dào Běijīng zuò
等了快半个小时了。从广州到北京坐

huǒchē yào zuò duōshao ge xiǎoshí?
火车要坐多少个小时？

朋友: Èrshí duō ge xiǎoshí, chàbuduo yì tiān yí yè. Zuótiān wǎn-
二十多个小时，差不多一天一夜。昨天晚

shang wǒ zhǐ shuìle wǔ ge xiǎoshí de jiào, jīntiān zǎoshang wǒ
上我只睡了五个小时的觉，今天早上我

wǔ diǎnzhōng jiù xǐng le.
五点钟就醒了。

玛丽: Gòu lèi de.
够累的。

朱丽叶: Huǒchē shang de fúwù zěnmeyàng?
火车上的服务怎么样？

朋友: Hái búcuò, fúwùyuán tǐng rèqíng de.
还不错，服务员挺热情的。

朱丽叶: Nǐ yǒu jǐ jiàn xíngli?
你有几件行李？

朋友: Liǎng jiàn, yí ge xiāngzi, yí ge shǒutíbāo.
两件，一个箱子，一个手提包。

玛丽: Gěi wǒ xiāngzi. Zǒu, wǒmen cóng zhèr chū zhàn.
玛丽: 给我箱子。走，我们从这儿出站。

(Huǒchēzhàn wài)
（火车站外）

玛丽: Zuò shénme chē? Chūzūchē háishi gōnggòng qìchē?
玛丽: 坐什么车？出租车还是公共汽车？

朋友: Zuò chūzū ba, chūzūchē bǐjiào kuài.
朋友: 坐出租吧，出租车比较快。

玛丽: Nà jiù dào mǎlù duìmiàn qù ba.
玛丽: 那就到马路对面去吧。

词语 New Words

经历	（名）	jīnglì	experience
办事		bàn shì	to work
休假		xiū jià	on holiday
顺便	（副）	shùnbiàn	get something done while doing something else
父亲	（名）	fùqin	father
母亲	（名）	mǔqin	mother
亲戚	（名）	qīnqi	relative
月底	（名）	yuèdǐ	end of the month
呆	（动）	dāi	to stay
长	（形）	cháng	long
华侨	（名）	huáqiáo	overseas Chinese
上(学)	（动）	shàng(xué)	to go to (school)
小学	（名）	xiǎoxué	primary school

时	(名)	shí	time
后来	(副)	hòulái	later
贸易	(名)	màoyì	trade
翻译	(动、名)	fānyì	to translate, translation
怪不得	(副)	guàibude	no wonder
流利	(形)	liúlì	fluent
火车	(名)	huǒchē	train
晚点		wǎn diǎn	behind schedule
列车	(名)	lièchē	train
马上	(副)	mǎshàng	at once
半天	(名)	bàntiān	a long time
差不多	(副)	chàbuduō	almost
夜	(名)	yè	evening, night
只	(副)	zhǐ	only
早上	(名)	zǎoshang	morning
醒	(动)	xǐng	to awake
够	(副)	gòu	enough
服务	(动、名)	fúwù	to serve, service
服务员	(名)	fúwùyuán	waiter, waitress
热情	(形)	rèqíng	warm
箱子	(名)	xiāngzi	trunk
手提包	(名)	shǒutíbāo	handbag
出租车	(名)	chūzūchē	taxi, vehicle for hire
公共汽车		gōnggòng qìchē	bus
出租	(动)	chūzū	to rent

| 比较 | （副） | bǐjiào | comparatively |
| 对面 | （名） | duìmiàn | opposite, the other side |

重点句式 Key Sentence Patterns

1. 我已经在中国呆了五年了。
   I've been in China for 5 years.

2. 我一共学了七年汉语。
   I've been studying Chinese for 7 years in total.

3. 怪不得你汉语说得这么好，这么流利。
   No wonder you can speak Chinese so fluently.

4. 我在中国工作三年了。
   I've been working in China for 3 years.

5. 请问，从广州来的火车晚点多长时间？
   Excuse me, could you tell me how long the train coming from Guangzhou will be delayed?

6. 从广州到北京坐火车要坐多少个小时？
   How long does it take to get from Guangzhou to Beijing by train?

7. 昨天晚上我只睡了五个小时的觉。
   I only slept for 5 hours last night.

注释 Notes

一、当然也会顺便回家看看父亲母亲……

"顺便"，副词，意思是趁着做某事的方便做另一件事。又如："你要是去图书馆，顺便帮我还一本书，行吗？""我去年去上海办事，顺便看了看在那儿的几个朋友。"

The adverb "顺便" means "getting something done while doing something else", e.g.: "你要是去图书馆，顺便帮我还一本书，行吗？""我去年去上海

办事，顺便看了看在那儿的几个朋友。"

二、我已经在中国呆了五年了

"呆"，动词，也作"待"，意思是停留，后面一般跟时量补语。又如："你在这儿呆一会儿，我出去一下儿。""我只在那儿呆了两天就回来了。"

The verb "呆", also written as "待", meaning "stay", is generally followed by a time-measure complement, e.g.: "你在这儿呆一会儿，我出去一下儿。""我只在那儿呆了两天就回来了。"

三、要说我学汉语的历史，那就长了

这句话意思是，"要是谈到我学汉语的历史，那时间就长了。""要说"，意思是，"如果说起"或"如果提到"。

This sentence means "You asked me how long ago I started learning Chinese? Well, it's a long time ago!" "要说" means "if one speaks of..." or "talking about ...".

四、后来又到中国来学了三年

"后来"，副词，指过去某一时间或某一事件之后的时间，只用于叙述过去的事情。又如："他三年前就走了，后来的事我就不知道了。""我上中学的时候学过一点英文，后来工作了，就没有再学。"

The adverb "后来" refers to the time after a referential point or referent. Obviously it is only used for something that has been done, e.g.: "他三年前就走了，后来的事我就不知道了。""我上中学的时候学过一点英文，后来工作了，就没有再学。"

> 注意："后来"不能用来叙述未来的事情，不能说"*今天不去了，后来再去吧。"此句中"后来"应改为"以后"。
>
> **Points to be noted**："后来" can not be used to describe something that will take place in the future. It is wrong to say "*今天不去了，后来再去吧。" In this sentence "后来" should be replaced by "以后".

五、怪不得你汉语说得这么好，这么流利

"怪不得"，副词，表示忽然发现了某一事实的原因，因此不再感到奇怪了。又如："他每天都学习到很晚，怪不得他考试考得这么好。""他感冒了，怪不得他昨天没来呢。""你的老师教得真好，怪不得你的口语这么流利。"

The adverb "怪不得" means "one no longer feels surprised after the discovery of the reason", e.g.:"他每天都学习到很晚，怪不得他考试考得这么好。""他感冒了，怪不得他昨天没来呢。""你的老师教得真好，怪不得你的口语这么流利。"

六、我得赶回来上课啊

"赶"，动词，意思是尽早或及时到达。又如："我爸爸病了，我得马上赶回家看看他。""我们下午还有考试，我两点以前得赶到学校。"

The verb "赶" means "try to get to the place as early as possible or at least in time", e.g.:"我爸爸病了，我得马上赶回家看看他。""我们下午还有考试，我两点以前得赶到学校。"

七、等半天了吧？

"半天"，有时表示白天的一半，可以儿化。例如："我半天（儿）在学校学习，半天（儿）去公司上班。"

Sometimes "半天" means "half a day" with a retroflexed ending, e.g.:"我半天（儿）在学校学习，半天（儿）去公司上班。"

有时则表示较长的时间，这样用时不能儿化。如："我说了半天，你听懂了没有？""他半天什么也没说，只是低头看书。""你看了半天看到什么了？"

But it also means "a long time". In this usage it has no retroflexed ending, e.g.:"我说了半天，你听懂了没有？""他半天什么也没说，只是低头看书。""你看了半天看到什么了？"

八、够累的

"够"，副词，用在形容词前，表示达到说话人认为很高的程度，后面常带

"的、了、的了"。又如："你们学校够远的，你每天怎么去学校啊？""今天的作业够难的。""他写汉字写得够快了，可你写得更快。""不喝了，喝得够多的了。"

The adverb "够" used before an adjective and ended with "的、了、的了" means a high degree reached，e.g.："你们学校够远的，你每天怎么去学校啊？""今天的作业够难的。""他写汉字写得够快了，可你写得更快。""不喝了，喝得够多的了。"

语法 Grammar

一、时间词语　Time expressions

表示时间的名词或名词短语叫做时间词语。例如：今天、1996年、一个月等。

Time nouns or nominal phrases are known as time expressions，e.g.："今天"，"1996年" and "一个月" etc.

时间词语有以下两种：

There are two types of time expressions:

1. 表示时点的　Time point indicators

时点是时间的位置，即具体时间。如：八点、星期二、今天晚上等。

Namely at what is the exactly time，e.g.："八点"，"星期二" and "今天晚上" etc.

2. 表示时段的　Duration indicators

时段是时间的量，即多长时间。如：三个小时、两天、一年半等。

Duration shows the quantity of time or its length，e.g.："三个小时"，"两天" and "一年半" etc.

时间词语在句子中可以作主语、谓语、宾语、定语、状语、补语。

In a sentence time expressions can act as a subject, a predicate，an object，an attribute，an adverbial or a complement，e.g.：

（1）今天是张路的生日。　　　　　（主语　subject）

（2）现在九点三十五。　　　　　　（谓语　predicate）
（3）他的生日是八月十五号。　　　（宾语　object）
（4）早上的温度不高。　　　　　　（定语　attribute）
（5）这几天他不舒服。　　　　　　（状语　adverbial）
（6）他在这儿呆了一个月。　　　　（补语　complement）

二、时量补语　Time-measure complements

表示时段的词语可以放在动词后面作补语，表示动作或状态持续的时间，叫做时量补语。时量补语与动量补语一样，也是数量补语中的一种。如：

A time-measure complement is performed by a duration indicator used after a verb as a complement to show how long an action or a state lasts. Like verbal complements time-measure complements also belong to numeral-measure complements，e.g.:

名词/代词 N. / Pron.	（+状语） （+ Adv.）	+ +	动词 V.	+时量补语 + T.M.C.
（1）他	在黄山		呆了	两天半。
（2）我			得休息	几天。
（3）他	在我这儿		住了	一个星期。
（4）他们	路上		走了	好几天。

上面例子中的动词都是表示能持续的动作的动词。

All verbs in the foregoing sentences can be used to indicate the continuity of actions.

还有一类动词不能表示持续的动作，如"来"、"去"、"到"、"毕业"等，这类动词也可以带时量补语，例如：

There are some other verbs such as "来"，"去"，"到" and "毕业" which do not show the continuity of actions but can be used with time-measure complements，e.g.:

名词/代词	+ 动词	(+ 名词)	+ 时量补语
N./Pron.	+ V.	(+ N.)	+ T.M.C.
(5) 他	去	美国	两年了。
(6) 玛丽	来	中国	好几年了。
(7) 我	毕业		已经十年了。
(8) 她	到	这个地方	快三个月了，还没去过商店。

这时，时量补语表示的是动作结束到说话时的时间。

What is shown by the time-measure complement here is the time between the end of the action and the mention of it.

如果动词带宾语，时量补语的位置有两种情况：

If the verb takes an object the time-measure complement can be put in two places:

1. 如果宾语是名词，时量补语一般放在动词和宾语之间，时量补语后可不带"的"。如：

If the object is performed by a noun, the time-measure complement is generally put between the verb and the object. "的" can be attached to the quantity complement or omitted, e.g.:

名词/代词	+ 动词	+ 动态助词	+ 时量补语	(+"的")	+ 名词
N./Pron.	+ V.	+ A.P.	+ T.M.C.	(+"的")	+ N.
(9) 他	学	了	三年	的	英语。
(10) 她	住	过	一个星期		院。
(11) 你怎么	打		这么长时间		电话？
(12) 三木	做	了	多长时间	的	秘书？

2. 如果宾语是代词，则时量补语应当放在宾语后，如：

If the object is performed by a pronoun, the time-measure complement should be placed after the verb-object structure, e.g.:

（13）我找了你一上午。

（14）经理等了她半小时。

练习 Exercises

一、朗读下列句子　Read aloud the following sentences

1. 我一共学了七年汉语。
2. 我在中国工作三年了。
3. 请问，从广州来的火车晚点多长时间？
4. 从广州到北京坐火车要坐多少个小时？
5. 昨天晚上我只睡了五个小时的觉。

二、替换练习　Substitution drills

1. A：你<u>在中国工作</u>几年了？　　在大学　　学习
   B：快两年了。　　　　　　　　　在公司　　工作

2. A：你<u>学</u>了多长时间的<u>汉语</u>？　复习　　语法　　一个小时
   B：我一共<u>学了七年汉语</u>。　　　　写　　　汉字　　一个小时
   　　　　　　　　　　　　　　　　　滑　　　冰　　　两个小时
   　　　　　　　　　　　　　　　　　坐　　　飞机　　二十个小时
   　　　　　　　　　　　　　　　　　坐　　　火车　　十个小时

3. A：从<u>广州</u>到<u>北京坐火车</u>　家　　公司　　坐汽车　　一个小时
   　　要多长时间？　　　　　　　美国　中国　　坐飞机　　十几个小时
   B：<u>二十多个小时</u>。　　　　　宿舍　教室　　骑自行车　五分钟

4. A：她<u>大学毕业</u>多长时间了？
   B：她<u>大学毕业</u>快一年了。

回国	到北京
来中国	去美国

三、用下列词语完成带时量补语的句子
Make sentences containing time-measure complements, using the following word groups

例 Example：

看电视　　一个小时
昨天晚上我们看了一个小时的电视。
昨天晚上我们看了一个小时电视。

1. 看足球比赛　　两个小时
2. 滑冰　　一个多小时
3. 听音乐会　　一个半钟头
4. 坐火车　　十个小时
5. 打电话　　很长时间
6. 下雨　　两天
7. 学汉语　　五年
8. 上学　　二十年

四、把下列词语组成句子
Rearrange the words of each group in the right order

1. 晚点　今天　飞机　十分钟
2. 他　要　新闻　每天　听　半个钟头
3. 每天　学习　他　一个小时　要　英语
4. 七年　学　杰克　一共　了　汉语
5. 一晚上　谈话　他们　了　昨天
6. 在　了　三年　已　工作　三木小姐　中国
7. 快　回　两个月　了　已经　他　国
8. 旅行社　了　在　办　他　两天　手续

Lesson 21

五、对下列句子中的时量补语提问
Ask questions about the time-measure complements in the following sentences

1. 玛丽每天都要去图书馆复习两个钟头。
2. 从北京到加拿大要坐二十多个小时的飞机。
3. 杰克感冒了,他休息了两天。
4. 这本书我们学了三个月了。
5. 每天吃完晚饭,王经理都要看半个小时的报。
6. 昨天我在门口等他等了很长时间。
7. 杰克跟三木一起滑冰滑了三个小时。
8. 三木躺着看了两个小时小说。

六、用上指定词语完成对话
Make dialogues with the given words

1. A：你们好!
   B：你好!你_____？（等 很长时间）
   A：不太长,只_____。（等 二十分钟）
   汽车在那边,我们过去吧。
   B：走吧。
   A：_____？（坐 火车）
   B：坐了两天一夜。
   A：你们坐累了,是不是?
   B：有点儿累。

2. A：你昨天去滑冰了吗?
   B：去了。
   A：_____？（滑）
   B：一个小时。你昨天做什么了?
   A：我在宿舍里看电视了。
   B：有好节目吗?
   A：有足球比赛。
   B：_____？（看）
   A：我看了两个多小时才看完。

学写汉字 Characters Writing

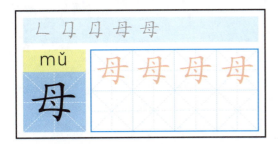

第二十二课　Lesson 22

课文　Text

（一）谈 生活 经历
Tán Shēnghuó Jīnglì

Talk about the Life Experience

（Jiékè hé Zhōngguó péngyou tán shēnghuó jīnglì.）
（杰克 和 中国 朋友 谈 生活 经历。）
（Jack and his Chinese friend talk about their experience.）

Jiékè: Nǐ shì běifāngrén ma?
杰克： 你 是 北方人 吗？

Péngyou: Wǒ shì cóng nánfāng lái de.
朋友： 我 是 从 南方 来 的。

Jiékè: Hǎoxiàng méiyǒu shénme nánfāng kǒuyīn.
杰克： 好像 没有 什么 南方 口音。

Péngyou: Bù, zǐxì tīng háishi néng tīng chulai de.
朋友： 不，仔细 听 还是 能 听 出来 的。

Jiékè: Zhè kěnéng yǒu liǎng fāngmiàn de yuányīn, yì fāngmiàn shì wǒ de
杰克： 这 可能 有 两 方面 的 原因，一 方面 是 我 的

Hànyǔ shuǐpíng hái bù gāo, yì fāngmiàn nǐ zài Běijīng dāi de
汉语 水平 还 不 高，一 方面 你 在 北京 呆 的

第二十二课

shíjiān cháng le, kǒuyīn yǐjīng fāshēngle biànhuà.
时间长了，口音已经发生了变化。

Péngyou: Wǒ juéde dì-èr ge yuányīn gèng yǒu dàoli.
朋友： 我觉得第二个原因更有道理。

Jiékè: Nǐ shì shénme shíhou lái Běijīng de?
杰克： 你是什么时候来北京的？

Péngyou: Wǒ shì èrshí nián qián lái de Běijīng.
朋友： 我是二十年前来的北京。

Jiékè: Nǐ shì zài Běijīng shàng de dàxué?
杰克： 你是在北京上的大学？

Péngyou: Méicuòr. Wǒ shì èrshí nián qián zhōngxué bìyè líkāi jiāxiāng
朋友： 没错儿。我是二十年前中学毕业离开家乡

de, dàxué bìyè yǐhòu jiù liú zài Běijīng gōngzuò le.
的，大学毕业以后就留在北京工作了。

Jiékè: Nǐ shì xué shénme zhuānyè de?
杰克： 你是学什么专业的？

Péngyou: Wǒ shì xué jìsuànjī de. Dàxué bìyè hòu, wǒ xiān zài yì jiā
朋友： 我是学计算机的。大学毕业后，我先在一家

gōngchǎng gōngzuòle sān nián, hòulái zhuǎndào yì jiā gōngsī
工厂工作了三年，后来转到一家公司

gǎo yánjiū gōngzuò. Nǐ shì shénme shíhou dào Zhōngguó lái de?
搞研究工作。你是什么时候到中国来的？

Jiékè: Wǒ shì wǔ nián qián cóng Jiānádà lái de. Wǒ zài Jiānádà shàng
杰克： 我是五年前从加拿大来的。我在加拿大上

dàxué shí xué de shì wénxué, wèile tígāo Hànyǔ shuǐpíng, liǎojiě
大学时学的是文学，为了提高汉语水平，了解

Zhōngguó, wǒ cái dào Zhōngguó lái de, méi xiǎngdào xuéwán
中国，我才到中国来的，没想到学完

Hànyǔ yòu liú zài Zhōngguó jiāo Yīngyǔ.
汉语又留在中国教英语。

朋友 (Péngyou): Wénxué hé yǔyán shì fēn bu kāi de, xuéhǎo yǔyán duì nǐ yǐhòu
文学和语言是分不开的，学好语言对你以后

gǎo wénxué yě huì yǒu bāngzhù.
搞文学也会有帮助。

杰克 (Jiékè): Zhè dàoshì.
这倒是。

朋友 (Péngyou): Shíjiān bù zǎo le, wǒ gāi zǒu le. Yǐhòu yǒu kòngr zài lái liáo ba.
时间不早了，我该走了。以后有空儿再来聊吧。

杰克 (Jiékè): Zánmen gōngzuò dōu tài jǐnzhāng le, hěn nán yǒu jīhuì yíkuàir hǎohāor liáoliao.
咱们工作都太紧张了，很难有机会一块儿好好儿聊聊。

朋友 (Péngyou): Shì a.
是啊。

杰克 (Jiékè): Nǐ gāngcái shì zěnme lái de?
你刚才是怎么来的？

朋友 (Péngyou): Wǒ shì qí zìxíngchē lái de.
我是骑自行车来的。

杰克 (Jiékè): Lùshang qí chē xiǎoxīn diǎnr.
路上骑车小心点儿。

朋友 (Péngyou): Xièxie!
谢谢！

(二) 逛 公园
Guàng Gōngyuán
Walk in the Park

(Mǎlì hé Zhūlìyè zài gōngyuán li.)
(玛丽和朱丽叶在 公园 里。)
(Mary and Juliet are in a park.)

Mǎlì: Zhè ge gōngyuán nǐ yǐqián
玛丽： 这个 公园 你 以前

méiyǒu láiguo ba?
没有 来过 吧?

Zhūlìyè: Méi láiguo.
朱丽叶： 没 来过。

Mǎlì: Běijīng yǒu xǔduō gōngyuán, wǒ chàbuduō dōu qùguo. Wǒ bǐjiào
玛丽： 北京 有 许多 公园， 我 差不多 都 去过。我 比较

xǐhuan zhè ge gōngyuán, lí xuéxiào yě bù yuǎn, láihuí yǒu
喜欢 这个 公园， 离 学校 也 不 远， 来回 有

gōnggòng qìchē, hěn fāngbiàn. Zǒu, wǒmen dào hú nàbian
公共 汽车，很 方便。 走，我们 到 湖 那边

kànkan.
看看。

Zhūlìyè: Qiánbian zuòzhe hǎoduō rén. Wǒmen cóng hòubian zǒu guoqu ba.
朱丽叶： 前边 坐着 好多 人。我们 从 后边 走 过去 吧。

Mǎlì: Zhè ge gōngyuán zěnmeyàng?
玛丽： 这个 公园 怎么样？

Zhūlìyè: Quèshí búcuò. Āi, nǎr yǒu cèsuǒ, zhīdao ma?
朱丽叶： 确实 不错。哎， 哪儿 有 厕所， 知道 吗？

Mǎlì: Qiánmian láile yí ge rén, wǒmen qù wènwen. Xiǎojie, qǐngwèn,
玛丽： 前面 来了一个人，我们 去 问问。小姐， 请问，

Lesson 22

nǎr yǒu cèsuǒ?
哪儿 有 厕所？

Xiǎojie: Qiánbian. Nǐ kàn, nàr yǒu ge qiáng, qiáng shang guàzhe yí ge
小姐： 前边。你看， 那儿 有 个 墙， 墙 上 挂着 一 个

páizi, páizi shang xiězhe ne, nǐ zǒudào nàr wǎng lǐ yì guǎi
牌子， 牌子 上 写着 呢， 你 走到 那儿 往 里 一 拐

jiù shì.
就 是。

Mǎlì: Xièxie!
玛丽： 谢谢！

Xiǎojie: Bú xiè.
小姐： 不谢。

（Cóng cèsuǒ chūlai yǐhòu）
（从 厕所 出来 以后）

Mǎlì: Nà jǐ ge niánqīngrén zǒu le, wǒmen dào nàr zuò yíhuìr
玛丽： 那 几 个 年轻人 走 了， 我们 到 那儿 坐 一会儿

ba.
吧。

Zhūlìyè: Xíng, zánmen guòqu.
朱丽叶： 行， 咱们 过去。

Mǎlì: Kě le ba, wǒ mǎi diǎnr yǐnliào qu.
玛丽： 渴 了 吧，我 买 点儿 饮料 去。

词语 New Words

北方	（名）	běifāng	north
南方	（名）	nánfāng	south
口音	（名）	kǒuyīn	accent

第二十二课

仔细	（形）	zǐxì	careful
这	（代）	zhè	here
方面	（名）	fāngmiàn	aspect
水平	（名）	shuǐpíng	level
变化	（动）	biànhuà	to change
更	（副）	gèng	more
有道理		yǒu dàoli	reasonable
离开	（动）	líkāi	to leave
家乡	（名）	jiāxiāng	hometown
专业	（名）	zhuānyè	speciality
计算机	（名）	jìsuànjī	computer
工厂	（名）	gōngchǎng	factory
转	（动）	zhuǎn	to transfer
研究	（动）	yánjiū	to research
文学	（名）	wénxué	literature
为了	（介）	wèile	for
提高	（动）	tígāo	to improve
语言	（名）	yǔyán	language
倒是	（副）	dàoshì	that's right
空儿	（名）	kòngr	leisure time
紧张	（形）	jǐnzhāng	tense
一块儿	（副）	yíkuàir	together
小心	（动）	xiǎoxīn	to be careful in
逛	（动）	guàng	to stroll
许多	（数）	xǔduō	many

离	（动）	lí	to leave, to part from
远	（形）	yuǎn	far
来回	（动）	láihuí	to return, return
湖	（名）	hú	lake
好多	（数）	hǎoduō	quite a lot
厕所	（名）	cèsuǒ	toilet
前面	（名）	qiánmian	ahead
挂	（动）	guà	to hang
牌子	（名）	páizi	sign
不谢		bú xiè	don't mention it
渴	（形）	kě	thirsty
饮料	（名）	yǐnliào	drink

专名 Proper nouns

| 加拿大 | Jiānádà | Canada |

重点句式 Key Sentence Patterns

1 你是什么时候来北京的？
  When did you get to Beijing?

2 我是二十年前来的北京。
  I moved to Beijing 20 years ago.

3 你是什么时候到中国来的？
  When did you get to China?

4 我是骑自行车来的。
  I came by bike.

5 前边坐着好多人。
  Many people are sitting in the front.

6 前面来了一个人。
  A man is walking towards us.

7 墙上挂着一个牌子，牌子上写着呢。
It is written on the sign which is hanging on the wall.

8 那几个年轻人走了。
I saw a few young men leaving.

注释 Notes

一、好像没有什么南方口音

"好像"，副词，在句中作状语，也说"好像是"，意思是"似乎、仿佛"。又如："你好像是上海人。""我好像在什么地方看见过这个人。""你好像不太舒服，要不要去医院看看？"

The adverb "好像" or "好像是" functions as an adverbial, meaning "it seems", e.g.: "你好像是上海人。""我好像在什么地方看见过这个人。""你好像不太舒服，要不要去医院看看？"

二、仔细听还是能听出来的

"还是"，在这儿表示情况没有变化，有仍然的意思。又如："我在北方住了好多年了，可我还是觉得南方好，天气比较暖和。""他说不来，可还是来了。"

"还是" here means "no change has taken place", or "still", e.g.: "我在北方住了好多年了，可我还是觉得南方好，天气比较暖和。""他说不来，可还是来了。"

"听出来"，趋向补语"出来"表示动作使事物由隐蔽到显露，这是趋向补语的一种引申的意义。又如："我看出来了，你今天不太高兴。"

In "听出来", the extensively-used directional complement "出来" indicates that something is made visible from being hidden, e.g.: "我看出来了，你今天不太高兴。"

三、一方面……，一方面……

"一方面……，一方面……"是关联词语，用来连接并列的两种相互关联的事物，或一个事物的两个方面。又如："我们一方面要学习说，一方面也要学习写。""他不去，一方面是因为他不舒服，另一方面是因为他不喜欢那儿。"

The correlative structure "一方面……，一方面……" is used to link two correlative things or two parts of a thing, e.g.: "我们一方面要学习说，一方面也要学习写。""他不去，一方面是因为他不舒服，另一方面是因为他不喜欢那儿。"

四、我觉得第二个原因更有道理

"更"，副词，表示程度增加，用于比较。又如："昨天冷，今天更冷。""你不喜欢，他更不喜欢了。""我觉得蓝色的更漂亮。"

The adverb "更" is used to indicate a growing degree for a comparison, e.g.: "昨天冷，今天更冷。""你不喜欢，他更不喜欢了。""我觉得蓝色的更漂亮。"

五、你是学什么专业的？

这个句子虽然有"是"和"的"，但它是一个"是"字句，宾语是一个"的"字结构，这种"是"字句一般表示宾语和主语是等同或归类的关系。注意不要将这种句子与"是……的"句（见本课语法）混淆。又如："张老师是教口语的。""他是卖票的，不是买票的。"

Although it contains "是" and "的", this sentence belongs to a "是" sentence with equal or attributive subject and object. Its object is a structure with "的". Be aware of the difference between this type of sentences and those in the structure "是……的" (see also the Grammar Notes for this Lesson), e.g.: "张老师是教口语的。""他是卖票的，不是买票的。"

六、为了提高汉语水平，了解中国，我才到中国来的

"为了"，介词，表示原因或目的，后面可以接名词，也可以接动词结

第二十二课

构或主谓短语。例如："为了这件事，他找了很多人。""为了回答这个问题，他看了很多书。""为了大家能听懂，老师说得很慢。"

The preposition "为了", often followed by a noun, a verbal structure or a subject-predicate phrase, indicates a reason or purpose, e.g.: "为了这件事，他找了很多人。""为了回答这个问题，他看了很多书。""为了大家能听懂，老师说得很慢。"

七、这倒是

副词"倒"常用来表示让步、转折或舒缓语气。又如："这件事让他办，倒也可以，不过他得跟大家商量一下儿。"（让步）"校园不太大，倒挺漂亮的。"（转折）"我倒不是不愿意看，只是没有时间。"（舒缓语气）

The adverb "倒" is used to show a concession, transition or a smooth tone, e.g.: "这件事让他办，倒也可以，不过他得跟大家商量一下儿。"(concession) "校园不太大，倒挺漂亮的。"(transition) "我倒不是不愿意看，只是没有时间。" (smooth tone)

八、以后有空儿再来聊吧

"空儿"，意思是"空闲的时间"，常用于口语。又如："今天不行，我没空儿，等我有空儿再说吧。""他一有空儿就去看电影。"

In spoken Chinese, "空儿" means "leisure time", e.g.: "今天不行，我没空儿，等我有空儿再说吧。""他一有空儿就去看电影。"

九、很难有机会一块儿好好儿聊聊

"一块儿"，相当于"一起"，常用于口语。又如："我们一块儿去吧。""他们一块儿复习课文，一块儿听录音，一块儿写汉字。"

"一块儿" mostly used in spoken Chinese, is equal to "一起", e.g.: "我们一块儿去吧。""他们一块儿复习课文，一块儿听录音，一块儿写汉字。"

十、不谢

"不谢",也说"不用谢",跟"不客气"一样,是别人对自己表示感谢时的一种礼貌的回答。

"不谢", or "不用谢", is used in the same way as "不客气" as a polite reply when others express thanks or gratitude to myself.

语法 Grammar

一、"是……的"结构　　The structure "是……的"

"是……的"结构用来强调过去已经发生的行为的时间、地点、方式、目的等,"是"放在要强调的部分的前边,"的"一般放在句尾。如:

The structure "是……的" is used to emphasize the time, location, way or purpose of an action that took place in the past. It begins before the part for emphasis and finishes with "的" at the end of the sentence, e.g.:

名词/代词	+ "是" +	要强调的部分	+ 动词 +	名词/代词	+ "的"
N./Pron.	+ 是 +	part for emphasis	+ V. +	N./Pron.	+ 的
(1) 我	是	二十年以前	来	北京	的。
(2) 他	是	中学毕业时	离开	家乡	的。
(3) 我们	是	骑自行车	来		的。
(4) 你	是	从谁那儿	知道	这件事	的?

在上列句子中,(1)、(2)强调说明动作发生的时间;(3)、(4)强调说明动作的方式。在肯定形式中,"是"有时可以省略。

In the foregoing sentences emphasis is given to the time of the action in (1) and (2), to the way in (3) and (4). In its affirmative form sometimes "是" can be omitted.

"是……的"句的否定式为"不是……的","是"不能省略:

The negative form of "是……的" is "不是……的" in which "是" can not be omitted.

（5）他们不是从美国来的，是从英国来的。

（6）我们不是坐公共汽车来的，是坐朋友的车来的。

（7）朱丽叶不是写信告诉杰克的，是打电话告诉他的。

（8）大家不是在这儿才认识的，是在很早以前就认识的。

如果动词带宾语，而宾语是名词，"的"也可以放在宾语前面。如：

When the object, if any, is performed by a noun, "的" can be placed before the object, e.g.:

名词/代词（+"是"）+ 要强调的部分 + 动词 + "的" + 名词宾语					
N./Pron. （+ 是）+ part for emphasis + V. + 的 + N.O.					
（9）他	（是）	在学校	见到	的	玛丽。
（10）我们	（是）	坐飞机	来	的	中国。
（11）三木	（是）	几年以前	做	的	秘书。
（12）杰克	（是）	在加拿大	学	的	汉语。

但如果宾语是代词，或宾语后面还有趋向补语，则"的"必须放在句尾。如：

When the object is performed by a pronoun, or the object is followed by a directional complement, "的" should be put at the end of the sentence, e.g.:

名词/代词（+"是"）+ 要强调的部分 + 动词 + 代词宾语 + 趋补 + "的"						
N./Pron. （+ 是）+ part for emphasis + V. + Pron. + D.C. + 的						
（13）我们	（是）	在中国	认识	她		的。
（14）我	（是）	上午	看见	他		的。
（15）他们	（是）	坐公共汽车	到	这儿	来	的。
（16）飞机	（是）	从北京	飞到	上海	去	的。

"是……的"句也可以用来强调目的、用途、来源等。如：

"是……的" sentence can also be used to emphasize the purpose, use or source of something, e.g.:

（17）我们是来办事的，不是来旅游的。　　　　（目的　purpose）
（18）玛丽是来学汉语的，杰克是来教英语的。　（目的　purpose）
（19）这件毛衣是我买的，不是他买的。　　　　（来源　source）
（20）他的钱都是他父亲给的。　　　　　　　　（来源　source）

二、存现句　Existential sentences

表示人或事物在某处或某时间存在、出现或消失的动词谓语句叫做存现句。这种句子总是以表示地点（如方位短语）或时间的词语开头，动词后边一般带"着、了"或趋向补语，表示存在、出现或消失的人或事物的名词放在句子最后，而且是不确指的。

Sentences with a verbal predicate used to show where and when people or things exist, appear or disappear are known as existential sentences. These sentences generally begin with a word of location or time, contain "着、了" or a directional complement after the verb, an indefinite noun indicating the existing, appearing or disappearing person or thing at the end.

存现句包括两类：

There are two types of existential sentences:

（一）表示存在，例如：

Some of them merely indicate the existence of people or things, e.g.:

地点词语 Word of Location	+ 动词 + V.	+ 助词或补语 + Aux. or C.	+ 名词 + N.
（1）前边	坐	着	很多人。
（2）牌子上	写	着	"厕所"俩字。
（3）门口	停	了	不少汽车。

（二）表示出现或消失，例如：

Some of them indicate the appearance or disappearance of people or things, e.g.:

第二十二课

时间或地点词语 Word of Time or Location	+动词 + V.	+助词或补语 + Aux. or C.	+名词 + N.
（4）路上	走	过来	一个人。 （出现 appearance）
（5）昨天	来	了	一位客人。 （出现 appearance）
（6）我们班	走	了	几个学生。 （消失 disappearance）

练习 Exercises

一、朗读下列句子 Read aloud the following sentences

1. 你是什么时候来北京的?
2. 我是二十年前中学毕业时离开家乡的。
3. 我是骑自行车来的。
4. 前边坐着好多人。
5. 前面来了一个人。

二、替换练习 Substitution drills

1. A：你是什么时候来<u>北京</u>的?
   B：我是<u>二十年前</u>来的<u>北京</u>。

中国	去年
学校	九点半
图书馆	下午两点
公司	前年
健身房	吃完饭以后

2. A：你是从哪儿来的?
   B：我是从<u>南方</u>来的。

北方	广州
美国	日本

3. A：你是怎么来的?
   B：我是<u>骑自行车</u>来的。

坐火车	坐飞机
走着	跑着

Lesson 22

4. <u>前边</u> 坐 着 <u>好多人</u>。

宿舍里　住　很多学生
桌子上　放　很多书
那儿　　站　两个人
书包里　放　一本词典
墙上　　挂　一张画儿

三、对下列句子中的画线部分提问
Ask questions about the underlined parts in the following sentences

1. 我们是骑<u>自行车</u>去的郊区。
2. 我参观美术展览了，我是跟<u>三木小姐</u>一起参观的。
3. 我是在<u>健身房旁边的游泳池</u>游的泳。
4. 三木是<u>一年以前</u>来北京的。
5. 这些书是从<u>图书馆</u>借的。
6. 昨天晚上他是在<u>食堂</u>吃的饭。
7. 我是在<u>公园门口</u>看见他的。
8. 玛丽是跟<u>朋友</u>一起复习的。

四、把下列词语组成句子
Rearrange the words of each group in the right order

1. 的　看　是　电视　昨天晚上　他们
2. 哥哥　的　玛丽　上星期　北京　是　来　的
3. 坐　他们　出　是　出租车　门　的
4. 买　这　是　地图　张　世界　文具店　在　的
5. 小说　是　这　朋友　本　给　我　送　的
6. 画　从　是　那　杰克　张　拿　那儿　的　来
7. 交通　出　是　事故　三木　的　拐弯　汽车　时候　的
8. 的　朱丽叶　是　朋友　到　从　北京　广州　的　来

五、把指定词语扩展成对话
Make dialogues with the given words

例 Example：

看美术展览

A：星期日你去看美术展览了没有?
B：去了。
A：你是几点去的?
B：我是下午一点去的。
A：几点到的?
B：两点半到的。
A：你是跟谁一起去的?
B：我是跟杰克一起去的。
A：你们是坐出租车去的吗?
B：不，我们是骑自行车去的。
A：你们是几点回到家的?
B：我是六点到家的。

1. 看足球比赛　　2. 去旅店看朋友　　3. 去公园玩儿

六、按照下面的例子改写句子
Rewrite the following sentences after the example

例 Example：

有一个人坐在那儿。

那儿坐着一个人。

1. 有一件礼物在书包里放着。
2. 有一张地图在墙上挂着。
3. 有一台电视机在桌子上放着。
4. 有很多孩子从前边跑过来。
5. 有一张报纸从桌子上刮下去了。
6. 有个外国学生从我旁边走过去。

7. 有一个孩子从下边跑了上来。
8. 有几个人从车上下来了。

补充词语　Additional Words			
钟头	（名）	zhōngtóu	hour

学写汉字　Characters Writing

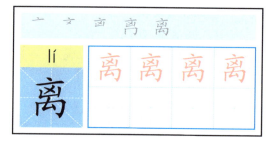

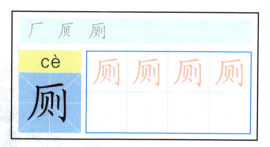

第二十三课　Lesson 23

课文　Text

（一）整理 宿舍
Zhěnglǐ Sùshè
Tidy up the Dormitory

(Zhūlìyè gāng shōushi wán sùshè, Mǎlì lái zhǎo tā.)
(朱丽叶 刚 收拾 完 宿舍，玛丽 来 找 她。)
(Marry comes to see Juliet when she has just tidied up the room.)

Mǎlì: Wūzi zhēn piàoliang a,
玛丽：　　屋子 真 漂亮 啊，

          yòu gānjìng yòu zhěngqí.
          又 干净 又 整齐。

Zhūlìyè: Jīntiān gāng shōushi de.
朱丽叶：　　今天 刚 收拾 的。

Mǎlì: Shéi bāng nǐ shōushi de?
玛丽：　　谁 帮 你 收拾 的？

Zhūlìyè: Yí ge tóngxué bāng wǒ shōushi de, tā bāng wǒ bānle bān chuáng
朱丽叶：　　一 个 同学 帮 我 收拾 的，他 帮 我 搬了 搬 床

          hé zhuōzi, wǒ yí ge rén bān bu dòng.
          和 桌子，我 一 个 人 搬 不 动。

玛丽: 桌子、椅子、床 这样 摆 不错,书架 呢?

朱丽叶: 书架 坏了,上午 拿去 修 了,我 问他 今天 修得 好 修 不 好,他 说 修 得 好, 晚上 给 我 送来。

玛丽: 桌子 上 放着 这么 多 中文 报纸,你 每天 都 看 啊? 看 得 懂 吗?

朱丽叶: 看 不 懂 也 得 看 啊。我 想 坚持 一 个 学期,一定 能 看 得 懂。

玛丽: 你 的 词典 呢? 这 上面 有 几 个 词,我 查 一下儿。

朱丽叶: 在 那儿,你 自己 找 一下儿。找 到 了 吗?

玛丽: 没 找到。

朱丽叶: 等 一下儿,我 来 找。

玛丽: 你 这 屋子 靠着 马路,吵 不 吵?

朱丽叶: 不 吵。外边 说 话,我 这儿 听 不 见。

第二十三课

玛丽: 两点多了，杰克还不来啊?

朱丽叶: 上午我给他打了两次电话都打不通，你再给他打一个试试。

(玛丽打完电话回来)

玛丽: 杰克说，他正要出门的时候，突然来了两个朋友，现在走不开。三点以前肯定到不了了，估计三点半才能到。他说实在对不起，请我们原谅他。

(二) 看演出
Enjoy the Performance

(三木和杰克在剧场看歌舞表演。)
(Miky and Jack enjoy singing and dancing at the theatre.)

杰克: 演出马上就要开始了，我们进去吧。

三木: 人太多了，进不去，在这儿站一会儿吧。

杰克: 这剧场坐得下这么多人吗?

三木: Wǒ xiǎng kěndìng zuò de xià, fǒuzé rénjia bú huì mài nàme duō piào.
我想肯定坐得下，否则人家不会卖那么多票。

杰克: Jīntiān wǎnshang dōu yǒu shénme jiémù?
今天晚上都有什么节目？

三木: Yǒu zájì, chàng gē, tiào wǔ, xiàngsheng shénme de.
有杂技、唱歌、跳舞、相声什么的。

(Zài jùchǎng li)
(在剧场里)

三木: Wǒmen de zuòwèi shì sānshí pái liù hào hé bā hào. Zài zhèr, zhǎodào le, nǐ cóng nàbian guòlai ba.
我们的座位是三十排六号和八号。在这儿，找到了，你从那边过来吧。

杰克: Hǎo de.
好的。

三木: Wǒmen de zuòwèi bǐjiào yuǎn, yíhuìr yǎnyuán de biǎoyǎn bù zhīdào kàn de qīngchu kàn bu qīngchu.
我们的座位比较远，一会儿演员的表演不知道看得清楚看不清楚。

杰克: Wǒ xiǎng méi wèntí. Yǎnchū jiǔ diǎn bàn wán de liǎo ma?
我想没问题。演出九点半完得了吗？

三木: Yìbān jiǔ diǎn bàn dōu néng jiéshù.
一般九点半都能结束。

杰克: Nǐ zài zhèr zuòzhe, wǒ qù mǎi diǎnr yǐnliào.
你在这儿坐着，我去买点儿饮料。

三木: Suàn le, bié qù le.
算了，别去了。

第二十三课

词语 New Words

整理	（动）	zhěnglǐ	to tidy up
屋子	（名）	wūzi	room
干净	（形）	gānjìng	clean
整齐	（形）	zhěngqí	neat
搬	（动）	bān	to carry
床	（名）	chuáng	bed
动	（动）	dòng	to move
椅子	（名）	yǐzi	chair
摆	（动）	bǎi	to arrange
书架	（名）	shūjià	bookshelf
修	（动）	xiū	to repair
坚持	（动）	jiānchí	to adhere to
学期	（名）	xuéqī	semester
上面	（名）	shàngmian	on, above
词	（名）	cí	word
查	（动）	chá	to look up
靠	（动）	kào	to stand by
吵	（形）	chǎo	noisy
说话		shuō huà	to speak
通	（动）	tōng	to get through
了	（动）	liǎo	can, to finish
估计	（动）	gūjì	to estimate

Lesson 23   117

演出	（动、名）	yǎnchū	to perform; performance
剧场	（名）	jùchǎng	theatre
进去	（动）	jìnqu	to enter
否则	（连）	fǒuzé	otherwise
人家	（代）	rénjia	others, they
卖	（动）	mài	to sell
那么	（代）	nàme	so, such
杂技	（名）	zájì	acrobatics
唱歌		chàng gē	to sing
歌	（名）	gē	song
跳舞		tiào wǔ	to dance
相声	（名）	xiàngsheng	comic dialogue
座位	（名）	zuòwèi	seat
演员	（名）	yǎnyuán	actor, actress
表演	（动、名）	biǎoyǎn	to perform, acting
一般	（形）	yìbān	general

重点句式 Key Sentence Patterns

1 我一个人搬不动。
I can't move it myself.

2 我问他今天修得好修不好，他说修得好。
I asked him if it can be repaired, and he said it would be no problem.

3 外边说话，我这儿听不见。
I can't hear the noise outside.

4 上午我给他打了两次电话都打不通。
I called him twice in the morning but couldn't get him.

5 三点以前肯定到不了了，估计三点半才能到。
   I am sure that he won't be here before 3：00，but I think he might be here by 3：30.

6 这剧场坐得下这么多人吗？
   Can that many people fit in this hall?

7 不知道看得清楚看不清楚。
   I am not sure if it can be seen clearly.

8 演出九点半完得了吗？
   Will the show be finished by 9：30?

注释 Notes

一、今天刚收拾的

"刚"与"刚才"的用法不同，"刚"是副词，指动作发生在不久以前；"刚才"是时间名词，指说话以前不久的那个时间。这两个词不能互换。例如：

"刚" is different from "刚才" in their usage. "刚" is an adverb, indicating an action that has just taken place whereas "刚才" is a time noun that can be used to denote the time passed shortly before a reference is made to，e.g.：

（1）我刚来这儿，谁都不认识。（不能用"刚才"）

（2）我刚才来这儿找你，你不在。（不能用"刚"）

二、他帮我搬了搬床和桌子

动词重叠表示动作经历时间短或动作轻松随便。对于已经发生的动作，重叠时可以加"了"，单音节动词变成"A了A"的形式，例如："昨天晚上我看了看电视就睡觉了。""他听了听录音，做了做作业，然后就去图书馆了。"

Repeated verbs generally show a brief action，one's lightheartedness or informality. "了"can be used between a verb and its repeated form to describe an action that has already taken place. For a monosyllabic verb the repetition is "A了A"，e.g.："昨天晚上我看了看电视就睡觉了"，"他听了听录音，做了做作业，然后就去图书馆了。"

三、看不懂也得看啊

这是一个紧缩句，意思是"虽然我看不懂，但是我没有别的办法，我必须看"。这种紧缩句隐含着转折关系，关联词语是"也"。又如："吃不了也得吃，谁让你买这么多的？""没时间也得来，今天的活动很重要。"

This is a contracted sentence, meaning "although I don't understand it, I have no alternative but read it". "也" is a correlative here to join the two covert adversative parts of the sentence, e.g.: "吃不了也得吃，谁让你买这么多的？" "没时间也得来，今天的活动很重要。"

四、你再给他打一个试试

这是一个连动句，第二个动词"试试"表示第一个动词"打"的目的。又如："我想买一件白色衣服穿穿。""我去图书馆借本书看看。"

This is a sentence with verbal constructions in series. The second verb "试试" shows the purpose of the first verb "打", e.g.: "我想买一件白色衣服穿穿。""我去图书馆借本书看看。"

五、否则人家不会卖那么多票

"否则"，连词，意思是"如果不这样，就……"，用来连接前后两个分句，一般用于书面语。又如："学习口语一定要多说，否则学不会。""今天你一定要交给我，否则就太晚了。"

The conjunction "否则", meaning "if not, then……" is generally used to connect two minor sentences in written Chinese, e.g.: "学习口语一定要多说，否则学不会。""今天你一定要交给我，否则就太晚了。"

"人家"代词，用于口语，这里指说话人和听话人以外的人，相当于"他/她"、"他/她们"。又如："玛丽学习很努力，人家这次考试考了第一。"（"人家"指玛丽）

The pronoun "人家", mostly used in spoken Chinese, here refers to people other than the speaker and listener. It is equivalent to "他/她" or "他/她们", e.g.: "玛丽学习很努力，人家这次考试考了第一。"（Here "人家" stands for Mary.）

六、你在这儿坐着，我去买点儿饮料

"着"用在这儿突出体现了它的语法功能，表示动作的持续，这里，杰克是让三木一直坐在那儿别动（即一直持续"坐"的动作）。又如："你们聊着，我先走了。"

Here "着" has a special grammatical function of denoting the continuity of the action. This sentence means that Jack wants Miky to remain where she is (it shows the continuity of sitting.), e.g.: "你们聊着，我先走了。"

语法 Grammar

可能补语　Potential Complements

在动词和结果补语或趋向补语之间加上结构助词"得"，就构成可能补语。可能补语用来表示动作实现的可能性。否定式是把"得"换成"不"。下面先看一些常见的动词带结果补语和动词带可能补语的结构。

A potential complement is formed by placing "得" between a verb and its resultative complement or directional complement. Such a complement is used to show the possibility of the occurrence of an action. Its negative form is constituted by replacing "得" with "不". Now let's see the following structures with a commonly-used verb and its resultative complement and those with a frequently-used verb and its potential complement.

结果补语或趋向补语 Resultative or Directional Complement	可能补语 Potential Complement
动词 ＋动词或形容词 V.　＋ V. or Adj.	动词 ＋ "得"/"不" ＋ 动词或形容词 V.　＋ 得 ／ 不　＋ V. or Adj.
听　　　懂	听　　得　　懂 （意思是能听懂　able to understand）
说　　　清楚	说　　得　　清楚 （意思是能说清楚　able to say clearly）

进	来	进	得	来
		\(意思是能进来 able to enter）		
找	到	找	不	到
		（意思是不能找到 unable to find）		
做	完	做	不	完
		（意思是不能做完 unable to finish）		
赶	回来	赶	不	回来
		（意思是不能赶回来 unable to return in time）		

可能补语的正反疑问式是并列其肯定式和否定式，例如：

The affirmative-negative form of a potential complement can be made by putting its positive and negative forms together, e.g.:

听得清楚听不清楚　　开得过去开不过去　　吃得完吃不完

下面是一些带可能补语的句子：

The following sentences contain their potential complements:

（1）今天有这么多作业，你做得完吗？
（2）他出去了，晚上八点以前回不来。
（3）我的座位不远，听得清楚。
（4）太远了，我看不见。
（5）这么高，我们爬得上去爬不上去？

动词带宾语时，宾语可以放在可能补语之后。如果宾语太长，可以放在句首。例如：

The object taken by a verb, if any, can be placed after the potential complement. If the object is too long, it can be put at the beginning of the sentence, e.g.:

（6）我吃不完这么多东西。
（7）他听不清楚我说的话。
（8）今天老师问的问题我们都听不懂。
（9）那天我借给你的那本书你今天看得完看不完？

有时为了进一步强调动作实现的可能性，可以在可能补语前再加上能愿动词"可以"或"能"。例如：

Emphasis may be laid on the possibility of the occurrence of the action by putting a modal verb such as "可以" or "能" before the potential complement, e.g.:

（10）明天八点以前我能回得来。
（11）你们说英语吧，我可以听得懂。
（12）放心吧，这么点儿酒我一个人能喝得完。
（13）你现在才去买东西，六点以前能做得好饭吗？

"动"、"下"、"了（liǎo）"这几个动词作可能补语，意义比较特殊，我们分别举例说明：

Verbs such as "动", "下" and "了" can act as potential complements in special meaning. Let's explain them one by one:

1. "动"作可能补语，常表示有力量做某种动作（特别是用某种动作使人或物体移动位置）。例如：

As a potential complement "动" means one's strength to do something (especially the strength to move people or things.), e.g.:

（14）那个桌子很小，我一个人搬得动。
（15）东西太多了，我拿不动，你能帮帮我吗？
（16）我已经走了两个小时了，真的走不动了。

2. "下"作可能补语，常表示有足够的空间来容纳。例如：

As a potential complement "下" indicates enough space for people or things, e.g.:

（17）那个剧场不小，我看，能坐得下六百人。
（18）这个书包太小，放不下这么多东西。
（19）别进来了，房间里已经站不下了。

3. "了（liǎo）"常用作可能补语，表示有可能进行某种动作。例如：

As a potential complement "了" indicates the possibility of doing something, e.g.:

去得了（能去）、来得了（能来）、回答不了（不能回答）
上得了课（能上课）、修不了（不能修）、吃不了（不能吃或吃不完）

（20）他的腿受伤了，走不了路。
（21）这个问题太难，没有人回答得了。
（22）这么多啤酒，我一个人喝不了。
（23）明天下雨，去不了公园了。

可能补语与程度补语从形式上看，都是在动词和补语之间插入"得"，但意义和用法很不相同。可能补语表示动作的可能性，而程度补语则表示动作或状态的程度，这可以通过上下文来判断。例如：

Both a potential complement and a complement of degree can be formed by inserting "得" between the verb and the complement, but they are different in meaning and usage. The possibility of an action expressed by a potential complement and the degree of an action or state expressed by a complement of degree can be understood through the context, e.g.:

（24）A：这么远，你看得清楚吗？

（可能补语。补语和"得"之间不能有状语）

(It contains a potential complement. No adverbial can be inserted between the complement and "得")

B：不远，我看得很清楚。

（程度补语。补语和"得"之间一般有程度副词或其他状语）

(It contains a complement of degree. An adverb or adverbial is generally inserted between the complement and "得")

另外，可能补语后边可以有宾语，而程度补语后边不能有宾语。例如：

In addition to that, a potential complement can be followed by an object whereas a complement of degree takes no object, e.g.:

（25）他修得好他的自行车。（可能　possibility）
（26）他修自行车修得很好。（程度　degree）

练习　Exercises

一、朗读下列句子　Read aloud the following sentences

1. 我一个人搬不动。

2. 外边说话，我这儿听不见。

3. 上午我给他打了两次电话都打不通。

4. 三点以前肯定到不了了，估计三点半才能到。

5. 这剧场坐得下这么多人吗？

二、替换练习　　Substitution drills

1. A：你<u>看</u>得懂<u>中文报纸</u>吗？
   B：<u>看</u>不懂也得<u>看</u>，坚持一个学期，一定能<u>看</u>得懂。

看	中文小说
听	中文广播
看	中文电影
听	中文相声

2. A：这<u>个</u> <u>书架</u>你今天修得好修不好？
   B：修得好。

张	桌子
辆	自行车
个	电话
把	椅子
张	床

3. A：我们的座位比较远，<u>演员的表演</u>看得清楚看不清楚？
   B：我想没问题，看得清楚。

| 足球比赛 | 电视 |
| 电影 | 老师写的字 |

4. A：<u>演出</u>马上就要<u>开始</u>了，我们<u>进</u>去吧。
   B：人太多了，<u>进</u>不去。

| 比赛 | 结束 | 出 |
| 汽车 | 来 | 过 |

三、用指定动词带上可能补语填空
Fill in the blanks in the following sentences, using the given verbs with potential complements

1. 美术展览的画儿太多了，一个小时_____。（看）

2. 今天的作业不多，我_____。（做）

3. 长城太高了，他年纪大了，_____。（上）

4. 玛丽知道朋友的房间号，_____。（找）

5. 杰克的英语讲得很清楚，学生都_____。（听）

6. 电视的图像_____，我来调一下。（看）。

7. 门太小了，大汽车_____。（过）

8. 都四点了，这个展览今天_____？（参观）

四、用动词带上指定的可能补语填空
Fill in the blanks in the following sentences, using appropriate verbs plus given potential complements

1. 三木出了交通事故，腿和脚受了伤，走_____路了。（了）

2. 今天天气不好，我们去_____公园了。（了）

3. 我们这么多人吃，一定能吃_____。（了）

4. 今天风大极了，骑自行车都骑_____。（动）

5. 行李太大了，我拿_____。（动）

6. 我的箱子你一个人拿_____吗？（动）

7. 这个教室不大，坐_____二十个学生。（下）

8. 这边的墙挂_____两张地图，只能挂一张。（下）

五、选择正确答案　Multiple choices

1. 他汉语学得好不好？（　）
    A. 他学得不好。　　　　　　C. 他学不好。
    B. 他学得汉语不好。　　　　D. 他学汉语得不好。

2. 这个广播你听得懂听不懂？（　）
    A. 我听得不懂。　　　　　　C. 我听不懂。
    B. 我听广播得不懂。　　　　D. 我听得很懂。

3. 你今天出去玩儿，六点以前回得来吗？（　　）
   A. 回得不来。　　　　　　　　C. 不能回不来。
   B. 回不来。　　　　　　　　　D. 能回不来。

4. 你妈妈做饭做得怎么样？（　　）
   A. 我妈妈做饭得很好。　　　　C. 我妈妈做饭做得很好。
   B. 我妈妈做得好饭。　　　　　D. 我妈妈做得饭好。

5. 杰克照相照得好不好？（　　）
   A. 他照得很好。　　　　　　　C. 他能照得好。
   B. 他照很好。　　　　　　　　D. 他很好得照。

6. 明天照片洗得好吗？（　　）
   A. 洗得很好。　　　　　　　　C. 洗照片得好。
   B. 洗得好。　　　　　　　　　D. 洗得照片好。

六、用指定的词语完成对话
Make a dialogue with the given words

1. A. 每天的作业你都_____？（做）
   B. _____。（做）

2. A：现在你看得懂中文书吗？
   B：_____。（看）
   A：听得懂中文广播吗？
   B：_____。（听）

补充词语　　Additional Words			
辆	（量）	liàng	(a measure word)

学写汉字 Characters Writing

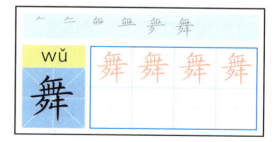

第二十四课　Lesson 24

课文　Text

（一）住 旅馆
Zhù Lǚguǎn
Live in the Hotel

(Jiékè, Mǎlì hé Zhūlìyè sān ge rén dào Chéngdū lǚxíng, láidào yì jiā lǚguǎn.)
(杰克、玛丽和朱丽叶 三 个 人 到 成都 旅行，来到 一 家 旅馆。)
(Jack, Mary and Juliet have come to Chengdu for a visit. They are now in a hotel.)

Jiékè: Wǒmen xiān bǎ xíngli fàng zài zhèr ba.
杰克： 我们 先 把 行李 放 在 这儿 吧。

(Zài fúwùtái)
(在 服务台)

Fúwùyuán: Nǐmen hǎo!
服务员： 你们 好！

Jiékè: Wǒmen yào bànlǐ zhùsù shǒuxù. Wǒmen yùdìngle sān ge rén de
杰克： 我们 要 办理 住宿 手续。我们 预定了 三 个 人 的

fángjiān.
房间。

Fúwùyuán: Qǐngwèn, nín jiào shénme míngzi?
服务员： 请问， 您 叫 什么 名字？

Jiékè: Jiékè Shǐmìsī. Shì cóng Běijīng lái de.
杰克： 杰克·史密斯。是 从 北京 来 的。

服务员: Qǐng děng yíxiàr.
请 等 一下儿。

(Fúwùyuán tōngguò jìsuànjī cházhǎo)
(服务员 通过 计算机 查找)

服务员: Qǐng nǐmen bǎ hùzhào gěi wǒ kàn yíxiàr.
请 你们 把 护照 给 我 看 一下儿。

(Sān rén chūshì hùzhào)
(三 人 出示 护照)

服务员: Nǐmen yùdìngle liǎng ge fángjiān, yí ge shuāng rén de, yí ge
你们 预定了 两 个 房间, 一个 双 人 的,一个

dān rén de, duì ma?
单 人 的,对 吗?

杰克: Duì.
对。

服务员: Qǐng nǐmen tián yíxiàr zhùsù dēngjìbiǎo.
请 你们 填 一下儿 住宿 登记表。

玛丽: Nǐ bǎ bǐ jiè wǒ yòng yíxiàr.
你 把 笔 借 我 用 一下儿。

杰克: Zhūlìyè, nǐ de biǎor tiánwán le ma?
朱丽叶,你的 表儿 填完 了 吗?

朱丽叶: Tiánwán le.
填完 了。

杰克: Nǐ bǎ biǎor gěi wǒ ba.
你 把 表儿 给 我 吧。

服务员: Nǐmen de fángjiān zài liù céng liù sān èr, liù sān sān. Zhè shì yàoshi,
你们的 房间 在 六层 632, 633。这是 钥匙,

nǐmen bǎ yàoshi náhǎo. Xīwàng nǐmen zài zhèr guò de yúkuài.
你们 把 钥匙 拿好。希望 你们 在 这儿 过 得 愉快。

(Zài fángjiān li)
(在 房间 里)

玛丽: Wǒmen bǎ chuānghu dǎkāi, hǎo ma?
我们 把 窗户 打开,好 吗?

朱丽叶: 打开吧。你把灯也打开。对了,杰克把护照给你了吗?

玛丽: 没有呢。一会儿叫他把护照带过来,别忘了。

(二) 坐火车
Take a Train

(杰克、玛丽和朱丽叶坐火车返回北京。)
(Jack, Mary and Juliet returned to Beijing by train.)

杰克: 我们把那两个箱子放在上面吧。

玛丽: 给你。

朱丽叶: 玛丽,你能把手提包拿给我吗?我把它挂在这儿。

玛丽: 我们这一趟是快车吧?

杰克: 不,是特快。中国人把客车分成慢车、快车和特别快车,特别快车也叫特快。

(Huǒchē dàodá mǒu zhàn)
（火车 到达 某 站）

Zhūlìyè：
朱丽叶：
Huǒchē zài zhè yí zhàn tíng yí kè zhōng, wǒ xiàqu mǎidiǎnr chī de, zěnmeyàng?
火车 在 这 一 站 停 一 刻 钟，我 下去 买点儿 吃 的，怎么样？

Jiékè：
杰克：
Mǎidiǎnr píngguǒ, júzi, xiāngjiāo jiù xíng le.
买点儿 苹果、橘子、香蕉 就 行 了。

Zhūlìyè：
朱丽叶：
Wǒ kànkan yǒu méi yǒu shāojī, jiàngròu, wǒ zhēn è le.
我 看看 有 没 有 烧鸡、酱肉，我 真 饿 了。

Jiékè：
杰克：
Suàn le ba, wǒ pà bú wèishēng, hái shì rěn yi rěn ba.
算 了 吧，我 怕 不 卫生，还 是 忍 一 忍 吧。

Zhūlìyè：
朱丽叶：
Hǎo ba. Nǐ bǎ màozi ná gěi wǒ, hǎo ma? Wàibian fēng dà.
好 吧。你 把 帽子 拿 给 我，好 吗？外边 风 大。

(Zhūlìyè mǎiwán shuǐguǒ huílai)
（朱丽叶 买完 水果 回来）

Mǎlì：
玛丽：
Zhèr de shuǐguǒ piányi ma?
这儿的 水果 便宜 吗？

Zhūlìyè：
朱丽叶：
Bú guì. Zhèxiē yígòng shí kuài qián.
不 贵。这些 一共 十 块 钱。

(Huǒchē kuài dào Běijīng le)
（火车 快 到 北京 了）

Jiékè：
杰克：
Yíhuìr xiàle huǒchē, wǒ xiān bǎ nǐmen sòngdào jiā, ránhòu wǒ zài zuò gōnggòng qìchē huí xuéxiào.
一会儿 下了 火车，我 先 把 你们 送到 家，然后 我 再 坐 公共 汽车 回 学校。

Mǎlì：
玛丽：
Nà tài gǎnxiè nǐ le.
那 太 感谢 你 了。

Zhūlìyè：
朱丽叶：
Zhè yí cì lǚxíng tài yǒu yìsi le. Yǐhòu yǒu jīhuì zánmen hái yìqǐ chūqu.
这 一 次 旅行 太 有 意思 了。以后 有 机会 咱们 还 一起 出去。

词语 New Words

办理	（动）	bànlǐ	to handle
住宿	（动）	zhùsù	to get accommodation
预定	（动）	yùdìng	to reserve
把	（介）	bǎ	(a preposition)
护照	（名）	hùzhào	passport
双人		shuāng rén	double
单人		dān rén	single
填	（动）	tián	to fill in
登记	（动）	dēngjì	to register
表	（名）	biǎo	form
用	（动）	yòng	to use
层	（量）	céng	floor
愉快	（形）	yúkuài	pleasant
打开		dǎkāi	to open
灯	（名）	dēng	light, lamp
它	（代）	tā	it
特快	（名）	tèkuài	express
客车	（名）	kèchē	passenger train
分	（动）	fēn	to categorise
成	（动）	chéng	to become
慢车	（名）	mànchē	slow train
快车	（名）	kuàichē	fast train

特别	(形、副)	tèbié	special, specially
站	(名)	zhàn	station
吃的		chī de	food
苹果	(名)	píngguǒ	apple
橘子(桔子)	(名)	júzi	tangerine(orange)
香蕉	(名)	xiāngjiāo	banana
烧鸡	(名)	shāojī	roast chicken
酱肉	(名)	jiàngròu	pork cooked in soy sauce
饿	(形)	è	hungry
怕	(动)	pà	to fear
卫生	(形)	wèishēng	clean, health
忍	(动)	rěn	to tolerate
帽子	(名)	màozi	hat, cap
贵	(动)	guì	expensive

重点句式 Key Sentence Patterns

1 我们先把行李放在这儿吧。
   Let's leave the luggage here for now.

2 请你们把护照给我看一下儿。
   Could you please show me your passports?

3 你把笔借我用一下儿。
   Could you please lend me your pen for a moment?

4 你们把钥匙拿好。
   Keep the key in a safe place.

5 我们把窗户打开,好吗?
   Should we open the window?

6 我们把那两个箱子放在上面吧。

Let's put those two boxes on the top of that.

7 你能把手提包拿给我吗？我把它挂在这儿。

Could you please give the handbag to me? I'll hang it here.

8 中国人把客车分成慢车、快车和特别快车。

The train is categorized as slow, regular, and express.

9 一会儿下了火车，我先把你们送到家。

I'll send you to your house after getting off the train.

注释 Notes

一、你们把钥匙拿好

"好"作结果补语，表示动作完成且达到完善的地步，又如："表儿填好了交给我。""把钱放好。"

The resultative complement "好" indicates the completion and perfection, an action, e.g.: "表儿填好了交给我。""把钱放好。"

二、希望你们在这儿过得愉快

"希望"，动词，所带的宾语常常是非名词性的词语。又如："希望你学好汉语。""我希望你明天能来。""真希望我们能在一起生活。"

The object taken by the verb "希望" is often other than a nominal, e.g.: "希望你学好汉语。""我希望你明天能来。""真希望我们能在一起生活。"

三、我们把窗户打开

"打开"，相当于"开开"，可以说"打开窗户"，也可以说"开开窗户"；但可以说"打开书"，却不能说"开开书"。

"打开", is equal to "开开". One can say "打开窗户" or "开开窗户". However "打开" in "打开书" can not be replaced by "开开书".

四、别忘了

"别忘了",是提醒对方不要忘记某事时习惯的说法。又如:"别忘了,今天是玛丽的生日,我们应该去她那儿热闹热闹。"

"别忘了" is commonly used to remind someone of something, e.g.: "别忘了,今天是玛丽的生日,我们应该去她那儿热闹热闹。"

五、你能把手提包拿给我吗?

介词"给"常与后面的宾语合起来作结果补语。如:"带给(我)"、"寄给(我)"、"教给(我)"、"交给(我)"、"借给(我)"、"送给(我)"等。

The preposition "给" and its object often act as a resultative complement, e.g.: "带给(我)", "寄给(我)", "教给(我)", "交给(我)", "借给(我)" and "送给(我)" etc.

六、我们这一趟是快车吧?

"趟",量词,表示一往一来的动作,例如:"我刚去了一趟上海。""这一趟去广州够累的吧?""我来这儿很多趟了,怎么不认识这个人?"

The measure word "趟" is used for the action of coming and going, e.g.: "我刚去了一趟上海。""这一趟去广州够累的吧?""我来这儿很多趟了,怎么不认识这个人?"

"趟"也可以作为表示火车或汽车车次的量词。如:"这是最后一趟(火)车了。""下一趟车的时间是五点三十四分。"

"趟" is also used as a measure word of train schedule, e.g.: "这是最后一趟(火)车了。""下一趟车的时间是五点三十四分。"

语法 Grammar

"把"字句 Sentences with "把"

(一)"把"字句的意义和语法特点

The significance and grammatical characteristics of sentences with "把"

第二十四课

"把"字句是一种特殊的动词谓语句。"把"字句用来强调说明动作对某事物如何处置以及处置的结果，而这种处置常常使该事物移动位置、改变状态或受到某种影响等。我们先以两个句子为例，说明"把"字句的意义：

Sentences with "把" are special sentences with verbal predicates. They are used to emphasize how an object is disposed of by an action and the result thereof. The performance of the action often causes the object to change its position or state, or affects it in one or another. The following are two examples that show the significance of their usage:

（1）他把桌子从房间里搬到了外边。

（2）我把衣服洗干净了。

在（1）里，强调了对桌子的处置是"搬"，处置的结果是桌子"到了外边"，即"搬"这种处置使桌子移动了位置；在（2）里，则强调说明了对衣服的处置是"洗"，且"洗"的结果是使衣服改变了状态，变得"干净了"。

Sentence (1) indicates how the table is disposed of by "carrying" and what is resulted from the action is "the table has been moved out" (change of its position). Sentence (2) indicates how the clothes are disposed of by "washing" and what is resulted from the action is "they have been cleaned".

由于"把"字句强调的是动作对事物的处置及处置结果，因此，用在"把"字句里的动词一定是及物动词，并含有处置意义。像"是"、"有"、"在"、"来"、"去"、"回"、"喜欢"、"觉得"、"知道"等动词都没有处置作用，因此不能用在"把"字句中。不能说：

As has been pointed out sentences with "把" are used to emphasize the disposal of things and the result thereof, therefore they must contain a transitive verb that carries the meaning of "disposal". Verbs such as "是"、"有"、"在"、"来"、"去"、"回"、"喜欢"、"觉得" and "知道" are not used in this sense, logically they can not appear in a sentence with "把". It is wrong to say

* 我把家回来了。

* 我把音乐喜欢。

"把"字句的基本结构是：

The basic structure of sentences with "把" is:

Lesson 24　137

名词 / 代词	+ "把"	+ 被处置事物	+ 动词	+其他成分
N. / Pron.	+ 把	+ Object for disposal	+ V.	+ Other elements
(3) 我	把	窗户	打	开吧。
(4) 你们	把	护照	给	我。
(5) 玛丽	把	表	填	好了。
(6) 朱丽叶	把	那本书	丢	了。

"把"字句除了要求动词有处置意义以外，还有下面的特点：

Apart from the function of disposal there are the following characteristics in sentences with "把":

1. "把"字句的宾语一般是确指的，即说话人心目中已经确定的。因此一般不能说"我把一个照相机带来了"，而要说"我把我的照相机带来了"或"我把照相机带来了"。

The object in a sentence with "把" must be clearly defined. Therefore one cannot say "我把一个照相机带来了。" Instead of that one can say "我把我的照相机带来了" or "我把照相机带来了"。

2. "把"字句的谓语动词不能单独存在，后面必须带有"了"，除可能补语以外的其他补语、宾语等其他成分，或者动词本身重叠以说明怎样处置事物或处置的结果。像"我把作业做"这样的句子是不对的，必须说成"我把作业做完了"或"我把作业做了"。

The verbal predicate of a sentence with "把" can not stand alone. It is generally followed by "了" or a complement other than a potential one, an object and other elements. The verb used in the sentence can be repeated to show how something is disposed of or the result from it. It is wrong to say "我把作业做". One can say "我把作业做完了" or "我把作业做了" instead.

> **注意**："把"字句的谓语动词不能带可能补语，也不能带动态助词"过"。
> **Points to be noted**: The verbal predicate of a sentence with "把" can not take a potential complement , nor the aspectual particle "过".

3. "把"字句中，如果有助动词、否定副词或时间状语等，这些词语要放在"把"的前面。例如：

If there is an auxiliary verb, a negative adverb or an adverbial of time in a sentence with "把", they should be placed before "把", e.g.:

（7）他愿意把那个东西给我。
（8）我们一定要把汉语学好。
（9）玛丽昨天把钱丢了。
（10）他今天没有把录音听完。

（二）几种特殊的"把"字句

Some special types of sentences with "把"

在（一）里，我们举了一些"把"字句的例子，其中大部分都可以改用一般的动词谓语句来说。例如："玛丽昨天把钱丢了"可以改说成"玛丽昨天丢了钱"，尽管后一种说法只是一般性的叙述，没有强调动作的处置作用。然而，从句子的结构要求来看，下列一些情况，就不可能用一般动词谓语句，而必须用"把"字句：

In section (1) most of the example sentences with "把" can be rewritten with a common verbal predicate, e.g., "玛丽昨天把钱丢了" can be replaced by "玛丽昨天丢了钱". The only difference is that the second sentence is a general statement without the indication of the disposal of the action. However such a replacement would be inappropriate in the following situations:

1. 主要动词后有结果补语"在"、"到"以及表示处所的宾语，说明受处置的人或事物通过动作处于某地时，必须用"把"字句。例如：

A sentence with "把" is the right presentation if the main verb is followed by a resultative complement such as "在" or "到" and an object of location to indicate how a person or a thing is moved to a place as the result of an action, e.g.:

（1）他把衣服挂在这儿了。
（2）大家把他送到了医院。
（3）请您把名字写在这儿。
（4）你怎么把我的东西拿到你这儿来了？

2. 主要动词后有结果补语"给"，且还有宾语，说明受处置的事物的归属时，在一定条件下，也必须用"把"字句。例如：

A sentence with "把" is generally needed when the main verb is followed by a resultative complement "给" and an object to indicate the possession of something after its disposal，e.g.：

(5) 他把作业交给了张老师。

(6) 请你把这封信带给他。

(7) 他把那本书借给朋友了。

(8) 朱丽叶把在长城照的照片寄给了她父亲。

3. 主要动词后有结果补语"成"、"作（做）"和表示结果的宾语，说明受处置的事物或人通过动作而成为某事物或某人时，必须用"把"字句。例如：

A sentence with "把" should be used when the main verb is followed by a resultative complement "成" or "作（做）" and a resultative object to indicate the change of a person or a thing as the result of an action，e.g.：

(9) 他把玛丽的名字写成了"马力"。

(10) 中国人把这种茶叫做花茶。

(11) 我们把这种句子叫做"把"字句。

(12) 中国人把客车分成三种。

练习 Exercises

一、朗读下列句子 Read aloud the following sentences

1. 我们先把行李放在这儿吧。

2. 请你们把护照给我看一下儿。

3. 你能把手提包拿给我吗？

4. 中国人把客车分成慢车、快车和特别快车。

5. 一会儿下了火车，我先把你们送到家。

二、替换练习 Substitution drills

1. 你们把<u>钥匙拿</u>好。

护照	带
东西	放
衣服	挂
照相机	带

2. A：杰克把护照给你了吗？
   B：没有呢。

服务员	钥匙
老师	本子
朱丽叶	书
玛丽	生日卡

3. 你把笔借我用一下儿。

那本小说	看
自行车	骑
词典	看
运动衣	穿

三、用动词带上指定的词语填空
Fill in the blanks in the following sentences，using appropriate verbs plus the given words

1. 玛丽把地图_____墙上了。（在）
2. 王经理把书_____三木了。（给）
3. 这个字他写错了，把"找"_____"我"了。（成）
4. 朱丽叶把书架_____他那儿修了。（到）
5. 你把那张报_____我看看。（给）
6. 我忘了把车钥匙_____哪儿了，找不到了。（在）
7. A：你把客人_____哪儿了？（到）
   B：我把他们_____车站，他们上了车，我才回来。（到）
8. 玛丽把美元_____人民币了。（成）

四、把下面的句子改成"把"字句
Rewrite the following into "把" sentences

例 Example：

杰克吃药了。
杰克把药吃了。

1. 屋子里有点儿冷，应该关上窗户。

2. 你们一定要先听清楚句子的意思，然后再写。
3. 请大家打开书，翻到278页。
4. 我觉得这个问题他回答错了。
5. 自行车你帮我骑回去，书包你也帮我拿回去。
6. 我来调一下儿电视。
7. 照片洗好了，给我们寄回去。
8. 我已经通过旅行社办好手续了。

五、把下列词语组成句子
Rearrange the words of each group in the right order

1. 把 了 妈妈 做 饭 好
2. 了 在 玛丽 自行车 门口 把 放 学校
3. 让 书包 玛丽 朋友 把 她 拿 的 宿舍 回 去
4. 小说 我 没 这本 把 完 呢 看 还

六、选择正确答案　Multiple choice

1. 你把刚买的词典放在哪儿了？（　）
   A. 我放词典在桌子上了。　　B. 我在桌子上放词典了。
   C. 我把词典放在桌子上了。　　D. 我把桌子上放在词典了。

2. 你把昨天的报纸放到哪儿去了？（　）
   A. 我把昨天的报纸放到桌子下边去了。
   B. 我放昨天的报纸到桌子下边去了。
   C. 我放桌子下边昨天的报纸了。
   D. 我把昨天的报纸放到桌子了。

3. 你把那封信交给谁了？（　）
   A. 我交那封信给玛丽了。　　B. 我交给玛丽那封信了。
   C. 我交给那封信玛丽了。　　D. 我把那封信交给玛丽了。

4. 这件衣服放在哪儿？（　）
   A. 你挂这件衣服在门后边吧。　　B. 你在门后边挂这件衣服吧。
   C. 你把这件衣服挂在门后边吧。　　D. 你挂在门后边这件衣服吧。

学写汉字 Characters Writing

第二十五课　Lesson 25

 课文　Text

（一）用餐
Yòng Cān
Have Dinner

(Jiékè zài Sānmù jiā zuò kè, Jiékè bāng Sānmù xiūhǎo zìxíngchē hòu liǎng rén yìqǐ yòng cān.)
（杰克在三木家做客，杰克帮三木修好自行车后两人一起用餐。）

(Jack goes to see Miky at her home. They dine together after Jack fixes a bike for her.)

Sānmù　　Nǐ bú shì huì xiū zìxíngchē ma?
三木：　　你不是会修自行车吗？

Jiékè:　　Zěnme, nǐ de zìxíngchē xūyào xiū le? Wǒ lái kànkan. Zìxíngchē fàng nǎr le?
杰克：　　怎么，你的自行车需要修了？我来看看。自行车放哪儿了？

Sānmù:　　Jiù zài ménkǒur. Nǐ bāng wǒ xiūxiu, wǒ lái zuò fàn.
三木：　　就在门口儿。你帮我修修，我来做饭。

第二十五课

(Yí ge duō xiǎoshí yǐhòu)
(一个多 小时 以后)

三木 Sānmù: Zìxíngchē xiūhǎo le ma?
自行车 修好了吗?

杰克 Jiékè: Xiūhǎo le.
修好了。

三木 Sānmù: Fàn yě zuòwán le, zhǔnbèi chī fàn ba.
饭也做完了,准备吃饭吧。

杰克 Jiékè: Wǒ xǐ yíxiàr shǒu jiù lái, jīntiān chángchang nǐ de shǒuyì.
我洗一下儿手就来,今天尝尝你的手艺。

三木 Sānmù: Wǒ zuò de bù hǎo, chángcháng bú shì xián jiù shì dàn. Yòng
我做得不好,常常不是咸就是淡。用

kuàizi chī ba.
筷子吃吧。

杰克 Jiékè: Hǎo.
好。

三木 Sānmù: Zhè shì yú, zhè shì ròu, zhè shì jī, nà shì xīhóngshì, hái yǒu
这是鱼,这是肉,这是鸡,那是西红柿,还有

dòufutāng. Chī mǐfàn háishi chī miàntiáor?
豆腐汤。吃米饭还是吃面条儿?

杰克 Jiékè: Mǐfàn, wǒ bú tài ài chī miàntiáor.
米饭,我不太爱吃面条儿。

三木 Sānmù: Gěi nǐ mǐfàn, chángchang zhè ge cài.
给你米饭,尝尝这个菜。

杰克 Jiékè: Hǎochī. Zhè ge yú zuò de hěn hǎo, yǒudiǎnr suān yòu yǒudiǎnr tián.
好吃。这个鱼做得很好,有点儿酸又有点儿甜。

三木 Sānmù: Nǐ háishi xíguàn chī xīcān ba?
你还是习惯吃西餐吧?

杰克 Jiékè: Zǎofàn wǒ háishi xíguàn hē niúnǎi, chī miànbāo, jīdàn; wǔfàn,
早饭我还是习惯喝牛奶,吃面包、鸡蛋;午饭、

wǎnfàn chī zhōngcān xīcān dōu kěyǐ.
晚饭 吃 中餐 西餐 都 可以。

Sānmù: Nǐ zìjǐ zuò fàn ma?
三木： 你自己做饭吗？

Jiékè: Wǒ bú huì zuò fàn.
杰克： 我不会做饭。

Sānmù: Bú huì kěyǐ xué a.
三木： 不会可以学啊。

Jiékè: Xué bu huì, tài nán le.
杰克： 学不会，太难了。

Sānmù: Zài lái diǎnr fàn, zěnmeyàng?
三木： 再来点儿饭，怎么样？

Jiékè: Bù le, bǎo le, chī bu xià le.
杰克： 不了，饱了，吃不下了。

Sānmù: Lái kuàir diǎnxin ba.
三木： 来块儿点心吧。

Jiékè: Xièxie!
杰克： 谢谢！

（二）谈 体育 运动
Tán Tǐyù Yùndòng

Talk about the Sports

(Zhūlìyè hé tóngxué tán tǐyù yùndòng.)
(朱丽叶 和 同学 谈 体育 运动。)
(Juliet and her classmate chat about sports.)

Tóngxué: Wǎnshang yǒu yì chǎng lánqiú bǐsài, xiǎng qù kàn ma?
同学： 晚上 有一场 篮球 比赛，想 去 看 吗？

Zhūlìyè: Yǒu piào ma?
朱丽叶： 有票吗？

Tóngxué: Piào mǎidào le.
同学： 票 买到 了。

第二十五课

朱丽叶：有票当然去。

同学：我早就知道，你这个篮球运动员一定会去。

朱丽叶：在哪儿？

同学：首都体育馆。

朱丽叶：很近，骑车一会儿就到。都谁去？

同学：你，我，还有小杨。

朱丽叶：小杨不是回家了吗？给他打电话了没有？

同学：给他打电话了，他说一会儿从家去，让我们在门口儿等他。除了篮球以外，你还喜欢什么体育运动？

朱丽叶：我还喜欢打排球，打网球。你呢？

同学：我喜欢踢足球，也喜欢跑步和游泳。

朱丽叶：你每天都锻炼身体吗？

同学：差不多。我常常看到你早上在操场打太极拳。

朱丽叶：我每天早上都练。还有，我现在每天晚上睡觉前都要出去散散步。

同学：今天的作业做完了吗？

朱丽叶：做完了。

同学：录音也听完了？

朱丽叶：录音还没听完，看完比赛回来接着听吧。

同学：时间不早了，我们该走了。

朱丽叶：票带了没有？

同学：票放在书包里了。

词语 New Words

用餐		yòng cān	to have a meal
需要	（动）	xūyào	to need
常常	（副）	chángcháng	often
咸	（形）	xián	salty
淡	（形）	dàn	tasteless, not salty
筷子	（名）	kuàizi	chopsticks

第二十五课

肉	（名）	ròu	meat
鸡	（名）	jī	chicken
西红柿	（名）	xīhóngshì	tomato
豆腐	（名）	dòufu	bean curd
汤	（名）	tāng	soup
米饭	（名）	mǐfàn	cooked rice
爱	（动）	ài	to like
菜	（名）	cài	dish
酸	（形）	suān	sour
甜	（形）	tián	sweet
习惯	（动）	xíguàn	to get used to
西餐	（名）	xīcān	Wester-style food
鸡蛋	（名）	jīdàn	egg
午饭	（名）	wǔfàn	lunch
中餐	（名）	zhōngcān	Chinese food
饱	（形）	bǎo	full
块儿	（量）	kuàir	piece (a measure word)
体育	（名）	tǐyù	sport
运动员	（名）	yùndòngyuán	sportsman, sportswoman
首都	（名）	shǒudū	capital
近	（形）	jìn	near
打(球)	（动）	dǎ(qiú)	to play (tennis etc.)
排球	（名）	páiqiú	volleyball
网球	（名）	wǎngqiú	tennis
踢	（动）	tī	to kick, to play (football)

Lesson 25

跑步		pǎo bù	to run
游泳		yóu yǒng	to swim
锻炼	(动)	duànliàn	to take exercise
太极拳	(名)	tàijíquán	a Chinese shadow boxing
练	(动)	liàn	to practise
散步		sàn bù	to take a walk
录音	(名)	lùyīn	sound recording

专名　Proper nouns

小杨	Xiǎo Yáng	(name of a person)

重点句式 Key Sentence Patterns

1. 你的自行车需要修了？
   Does your bike need to be fixed?

2. 饭也做完了，准备吃饭吧。
   The rice is ready. Let's have dinner.

3. 我做得不好，常常不是咸就是淡。
   I'm not good at cooking. The food I cook has always been too salty or not salty enough.

4. 这个鱼做得很好，有点儿酸又有点儿甜。
   The fish is very nice, and has a sour and sweet taste.

5. 票买到了。
   The ticket has been bought.

6. 除了篮球以外，你还喜欢什么体育运动？
   What sports do you like other than basketball?

7. 今天的作业做完了吗？
   Have you done all of today's homework?

8 录音还没听完，看完比赛回来接着听吧。

The recordings are not finished yet, let's continue after the match.

9 票带了没有？

Have you got the ticket?

注释 Notes

一、怎么，你的自行车需要修了？

"怎么"，疑问代词，放在句首并且后面有停顿时，常表示惊异。又如："怎么，你不认识我了？""怎么，你还不知道这件事？大家早就知道了。"

When used at the beginning of a sentence with a pause, the interrogative pronoun "怎么" often indicates one's surprise, e.g.: "怎么，你不认识我了？" "怎么，你还不知道这件事？大家早就知道了。"

二、我不太爱吃面条儿

"爱"，动词，表示喜欢某种活动或状态，用于口语，后边带动词或形容词宾语。又如："爱说话"、"爱打篮球"、"爱干净"、"爱热闹"，"他非常爱喝酒。""你爱不爱看电影？"

In spoken Chinese the verb "爱" indicates one's fondness for something. It is generally followed by a verbal or an adjective object, e.g.: "爱说话"，"爱打篮球"，"爱干净"，"爱热闹"，"非常爱喝酒"，"你爱不爱看电影？"

"爱"还可用来指男女之间互相喜欢。如："他非常爱他的妻子。"

"爱" can also mean the love between a man and a woman, e.g.: "他非常爱他的妻子。"

三、不会可以学啊

这是一个紧缩句，意思是"即使不会也没关系，你可以学。"汉语（特别是口语）里有很多紧缩句，是以单句形式表达复句内容，我们已经接触了一些。又如本课后面的"有票当然去"，可以看成是对复句"要是你有票，我当然去"的紧缩。

This is a contracted sentence, meaning "you can learn if you don't know how to do it". In Chinese, especially in spoken Chinese, there are many contracted sentences that can be used to express what contains in a compound sentence in the form of a simple one. We have already come across some of them. The sentence "有票当然去" in this text can also be considered a contracted sentence from "要是你有票，我当然去"。

四、饱了，吃不下了

"下"作可能补语表示有足够空间来容纳。"吃不下了"就是没有地方来容纳吃的东西了，也就是饱了。也可以说"吃不了（liǎo）了"，意思是不能（继续）吃了。

As a potential complement "下" indicates room for something. "吃不下了" means "there is no room for anything. I have eaten my fill". One can also say "吃不了（liǎo）了", meaning "can not eat any more".

五、我早就知道，你这个篮球运动员一定会去

时间词语+副词"就"+动词结构，强调在很久以前已经发生。又如："他早就回来了。""我去年就认识他了。""他上小学的时候就学过汉语。""二十年前他就来中国了。"

The pattern "time expression or adverb+就+verbal structure" can be used to emphasize what happened long ago, e.g.: "他早就回来了。""我去年就认识他了。""他上小学的时候就学习过汉语。""二十年前他就来中国了。"

"你这个篮球运动员"，"这个篮球运动员"是说明或指代"你"的，语法上叫做复指成分，和"你"在句子中充当相同的句子成分。又如："你们学生应该好好儿学，我们老师也应该好好儿教。"

In "你这个篮球运动员"，"这个篮球运动员" stands for "你" as an anaphoric reference grammatically. Both function as an equal part in the sentence, e.g.: "你们学生应该好好儿学，我们老师也应该好好教。"

六、都谁去？

"都"表示总括全部。在陈述句里，总括的对象必须放在"都"前，

如，"我们都来了"（总括的对象是"我们"）；但在疑问句里，总括的对象（疑问代词）要放在"都"后，如："你都什么地方没有去过？""他都告诉你什么了？"（注意：回答这类问句时，不要再用"都"。）

"都" is used for inclusion. In a statement the object for inclusion should be placed before "都", e.g.: "我们都来了。"（"我们" is included here.) However in an interrogative sentence the object for inclusion (the interrogative pronoun) should be placed after "都", e.g.: "你都什么地方没有去过？""他都告诉你什么了？"（Points to be noted: "都" is no longer needed in a reply to the question.)

七、我喜欢踢足球

注意：可以说"打篮球"、"打排球"、"打太极拳"等，但不能说"打足球"。

Points to be noted: One can say "打篮球","打排球" and "打太极拳", but can not say "打足球".

八、差不多

这是个简略的说法，完整的句子是"我差不多每天都锻炼身体。""差不多"，副词，表示相差很少，接近。又如："我差不多等了你一个小时。""我们学校差不多有两千人。""我们班差不多每个人都去过上海。""他来这儿差不多三年了。"

This is a simplified sentence from "我差不多每天都锻炼身体。" The adverb "差不多" means "nearly", e.g.: "我差不多等了你一个小时。""我们学校差不多有两千人。""我们班差不多每个人都去过上海。""他来这儿差不多三年了。"

语法 Grammar

一、意义上的被动句　Notional passive sentences

在汉语里，表示被动意义的句子有两类，一类是没有什么标志的，可以叫做意义上的被动句；一类是有表示被动意义的介词"被、让、叫"作为标志的，叫做"被"字句。这一课我们先介绍意义上的被动句。

In Chinese there are two types of passive sentences: notional passive sentences without any mark, and passive sentences with a preposition such as "被", "让" or "叫", also known as sentences with "被". In this lesson we are going to deal with notional passive sentences.

在汉语里，主语与谓语之间的关系不一定是动作者与动作的关系。主语可能是动作的实施者，即施事，也可能是动作的承受者，即受事。例如：

In Chinese the relation between a subject and a predicate is not necessarily equal to that between a doer and an action. A subject can be a doer, but can also be a recipient of an action, e.g.:

（1）我吃了。（主语"我"是施事 the subject is a doer.）
（2）饭吃了。（主语"饭"是受事 the subject is a recipient.）

上面（1）句与（2）句形式上没有什么区别，都是"主语 + 谓语"，但是（2）句有明显的被动的意义，像（2）这种主语是受事的表示被动意义的句子，就叫做意义上的被动句。在意义上的被动句中，主语一般是表示某种事物的名词，而且是确指的，谓语动词一般不是单独的一个动词，而往往带有状语、补语、助动词或动态助词等。例如：

The structure "subject + object" of sentence （1）is same as that of sentence （2）but the latter is evidently passive. In such a notional passive sentence the subject performed by a noun is a clearly defined thing. Its predicate verb that does not stand by itself, is generally used together with an adverbial, an auxiliary, a modal verb or an aspectual particle, e.g:

| 主语（受事） | + 状语 | + 动词 | + 补语 | + 动态助词等 |
Subject (recipient)	+ Adverbial	+ V.	+ Complement	+ Aspectual etc.
（3）电影票		买	来	了。
（4）饭	还没	做	好	呢。
（5）作业	晚上	做。		
（6）我的钱		放	在钱包里。	

二、"除了……以外"

"除了……以外"，有两种用法：

"除了……以外" can be used in two ways:

（一）表示在某种事物或情况之外还有别的，后面一般有副词"也"或"还"呼应。

When used in the sense of "beside" it is often followed by an adverb such as "也" or "还", e.g.:

(1) 除了玛丽以外，朱丽叶和杰克也去过西安。
(2) 除了中文以外，他还学习日文和英文。
(3) 她除了吃过饺子以外，还吃过包子。
(4) 张老师除了教得好以外，对同学也非常好。

（二）表示所说的情况不包括在内，后面一般跟有副词"都"或"没有"，例如：

When used in the sense of "except", it is often followed by "都" or "没有", e.g.:

(1) 除了王先生以外，大家都来了。
(2) 除了我去过那个地方以外，没有人去过。
(3) 这个问题除了朱丽叶回答对了以外，别人都没回答对。
(4) 他除了饺子以外，别的什么都不吃。

"除了……以外"也可以只说"除了……"，省略"以外"，例如：

"除了……以外" can be simplified as "除了……", e.g.:

(5) 除了上海，他还去过很多别的城市。
(6) 这个地方除了太冷，没什么不好的。

三、"一点儿"和"有点儿"　"一点儿"and"有点儿"

1. 一点儿

"一点儿"，口语中常省去"一"，表示少量或程度、数量略微增加或减少，但在否定句中"一"不能省略。例如：

"一" in the measure word "一点儿" can be omitted in spoken Chinese. It is used to indicate a small quantity or a slight increase or decrease in number, quantity or degree. "一" in the measure word "一点儿" can not be omitted in negative form, e.g.:

(1) 我买来（一）点儿吃的东西。

（2）我今天晚上有（一）点儿事，不能看足球比赛了。
（3）他只吃了点儿饭，啤酒一点儿都没喝。
（4）他的病好（一）点儿了。
（5）这件衣服大了（一）点儿，有小（一）点儿的吗？
（6）他说汉语说得一点儿也不好。

从上面的一些句子看，"一点儿"既可以放在名词前作定语，如：（1）、（2），又可以放在动词或形容词后作补语，如：（4）、（5），还可以放在否定句中加强否定语气，如：（3）、（6）。

From the foregoing sentences one can see that "一点儿" can act as an attribute before a noun as in sentences（1）and（2）, or as a complement after a verb or an adjective as in sentences（4）and（5）, or can be used for emphasis in a negative sentence as in sentences（3）and（6）.

2. "有点儿"

注意：这里的"有点儿"（也作"有一点儿"）与例（2）中的不同，例（2）中的"有点儿"不是一个词，而是动词"有"+"一点儿"；这里的"有点儿"，是副词，表示程度不高，稍微，多用于不如意的事情。例如：

Points to be noted: Here "有点儿", or "有一点儿", is different from that in sentence（2）. The latter is in fact formed by "有" and "一点儿" whereas the former is an adverb, meaning "to some degree" or "slightly", mostly used to describe something unpleasant, e.g.:

（7）我今天有点儿累。
（8）天气有点儿不好。
（9）他有点儿不想来了。
（10）这个菜有点儿咸，淡一点儿就好了。
（11）这件衣服有点儿小，我想要大一点儿的。

注意："有点儿"多用于让人不满意的事情，因此，不能说"她有点儿漂亮"、"我有点儿舒服"之类的句子。

Points to be noted: "有点儿" is often used to indicate something dissatisfactory. Therefore it is inappropriate to say "她有点儿漂亮" or "我有点儿舒服".

另外，不要混淆"一点儿"和"有点儿"，不能说"*今天一点儿冷"、"*这件毛衣一点儿大"之类的句子。

What is more, "一点儿" is not to be confused with "有点儿". It is not right to say "今天一点儿冷" or "这件毛衣一点儿大".

练习　Exercises

一、朗读下列句子　Read aloud the following sentences

1. 这个鱼做得很好，有点儿酸又有点儿甜。
2. 票买到了。
3. 除了篮球以外，你还喜欢什么体育运动？
4. 今天的作业做完了吗？
5. 录音还没听完，看完比赛回来接着听吧。

二、替换练习　Substitution drills

1. 这个问题除了玛丽以外，别人都回答错了。

这个练习	做
这个汉字	写
这个句子	说

2. 除了篮球以外，我还喜欢打排球、打网球。

西红柿	吃豆腐
滑冰	游泳
西餐	吃中餐
电视	看电影

3. 他的茶喝完了。

练习	做完
自行车	修好
运动衣	洗干净
咖啡	喝完
点心	吃完

Lesson 25　157

三、用"有（一）点儿"或"一点儿"填空
Fill in the blanks in the following sentences, using "有（一）点儿" or "一点儿"

1. 这件衣服_____大，有小_____的吗？
2. 我喜欢颜色深_____的衣服。
3. 我今天真_____累了，想躺下来休息休息。
4. 今天的作业我只做了_____。
5. 我不会喝酒，只能喝_____。
6. 他的英语_____也不好。
7. 杰克觉得_____不舒服，可能是感冒了。
8. 他在中国呆了很长时间，现在_____不想走了。

四、用"除了……以外，……都……"或者"除了……以外，……还……"完成对话
Make dialogues with "除了……以外，……都……" or "除了……以外，……还……"

1. A：你去参加朱丽叶的生日晚会了吗？
   B：参加了。
   A：都谁去了？
   B：除了我们班同学以外，_____。

2. A：你来北京多长时间了？
   B：我来北京一年半了。
   A：北京的名胜古迹你都参观了吗？
   B：不，有几个地方还没去过。除了北海、景山没去过以外，_____
   _____。

五、把下列词语组成句子
Rearrange the words of each group in the right order

1. 了 结束 人们 都 电影 走 外 在 往

2. 你 吧 今天 买 的 了 报 过 看
3. 都 里 存 我 银行 在 钱 了 的
4. 舒服 要 着 不 我 休息 有点儿 躺 一会儿
5. 别的 豆腐 除了 以外 菜 他 愿意 吃 不 都
6. 办 了 手续 好 飞机 上 快 吧

六、判断下列句子是否正确
Decide if the following sentences are grammatically correct

1. 这件毛衣一点儿大，有一点儿小的吗？　　（　）
2. 除了老师以外，都有学生参加了。　　　　（　）
3. 这个菜一点儿甜。　　　　　　　　　　　（　）
4. 他的腿好了一点儿，现在可以走一点儿路了。（　）
5. 昨天天气很冷，今天有点儿暖和。　　　　（　）
6. 对不起，我来晚了一点儿。　　　　　　　（　）
7. 今天的练习有点儿难，有几个句子我不会做。（　）
8. 我冷一点儿，请把那件毛衣拿给我穿上。　（　）

补充词语　Additional Words

篮球	（名）	lánqiú	basketball
别人	（代）	biérén	other people
酒	（名）	jiǔ	alcoholic drink; wine; liquor

专名　Proper nouns

北海	Běihǎi	a park in Beijing
景山	Jǐngshān	a park in Beijing
日语	Rìyǔ	Japanese

学写汉字 Characters Writing

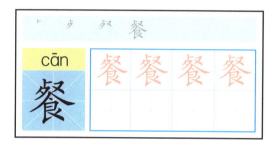

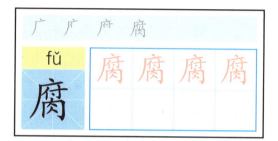
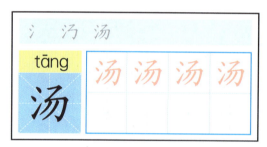
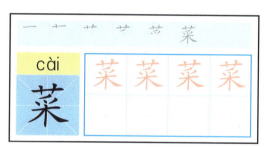

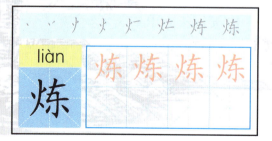

第二十六课　Lesson 26

 课文　Text

（一）买鞋
Mǎi Xié
Buy the Shoes

(Mǎlì hé Zhūlìyè zài xiédiàn mǎi xié.)
(玛丽和朱丽叶在鞋店买鞋。)
(Mary and Juliet buy shoes in a shop.)

Mǎlì:　　Zhè shuāng xié zěnmeyàng?
玛丽：　　这双鞋怎么样？

Zhūlìyè:　Bù nánkàn. Nǐ xiǎng mǎi xié a?
朱丽叶：　不难看。你想买鞋啊？

Mǎlì:　　Xiān kànkan, yǒu héshì de jiù mǎi. Nǐ kàn, zhè shuāng xié gēn nà shuāng xié yíyàng ma?
玛丽：　　先看看，有合适的就买。你看，这双鞋跟那双鞋一样吗？

Zhūlìyè:　Wènwen mài xié de xiǎojie.
朱丽叶：　问问卖鞋的小姐。

Mǎlì: 玛丽：	Xiǎojie, zhè zhǒng xié gēn nà zhǒng xié yíyàng bù yíyàng? 小姐，这种鞋跟那种鞋一样不一样？
Shòuhuòyuán: 售货员：	Bù yíyàng, jiàgé, zhìliàng dōu bù yíyàng. 不一样，价格、质量都不一样。
Zhūlìyè: 朱丽叶：	Shénme dìfang shēngchǎn de? 什么地方生产的？
Shòuhuòyuán: 售货员：	Zhè zhǒng shì Běijīng shēngchǎn de, nà zhǒng shì Guǎngzhōu shēngchǎn de. Nǐ chuān duō dà hào de? 这种是北京生产的，那种是广州生产的。你穿多大号的？
Mǎlì: 玛丽：	Sānshíqī hào. 37号。
Shòuhuòyuán: 售货员：	Nǐ shìshi zhè shuāng. Zěnmeyàng? Dàxiǎo héshì ma? 你试试这双。怎么样？大小合适吗？
Mǎlì: 玛丽：	Bú dà bù xiǎo, tǐng héshì de. Nǐ gěi tiāo yì shuāng ba. 不大不小，挺合适的。你给挑一双吧。
Shòuhuòyuán: 售货员：	Zhè shuāng búcuò. Mǎi huiqu yǐhòu, yàoshi juéde bù mǎnyì, nǐ kěyǐ suíshí lái huàn huòzhě tuì. 这双不错。买回去以后，要是觉得不满意，你可以随时来换或者退。
Zhūlìyè: 朱丽叶：	Zuìhǎo shì bù lái huàn yě bù lái tuì. 最好是不来换也不来退。
Shòuhuòyuán: 售货员：	Méi guānxi, yǒu wèntí nǐ jiù lái. Hái yào bié de ma? Bù lái shuāng wàzi ma? 没关系，有问题你就来。还要别的吗？不来双袜子吗？
Mǎlì: 玛丽：	Bú yào le. 不要了。

(Chūle shāngdiàn)
(出了 商店)

玛丽: 还看看别的吗?
Mǎlì: Hái kànkan bié de ma?

朱丽叶: 走，到那边转转。我想看看眼镜，我这副
Zhūlìyè: Zǒu, dào nàbian zhuànzhuan. Wǒ xiǎng kànkan yǎnjìng, wǒ zhè fù
眼镜已经戴了好几年了。要是有好的我就
yǎnjìng yǐjīng dàile hǎo jǐ nián le. Yàoshi yǒu hǎo de wǒ jiù
买一副。另外，我还想看看衬衫和裤子。
mǎi yí fù. Lìngwài, wǒ hái xiǎng kànkan chènshān hé kùzi.

(二) 搬新家
Bān Xīn Jiā
Move to New House

(Mǎlì gàosu tóngxué gāngcái yǒu rén lái zhǎo tā.)
(玛丽告诉同学刚才有人来找他。)
(Mary tells her classmate that someone came to see him.)

玛丽: 刚才有人来找你，你上哪儿了?
Mǎlì: Gāngcái yǒu rén lái zhǎo nǐ, nǐ shàng nǎr le?

同学: 我去复印了。昨天报纸上有篇文章非常
Tóngxué: Wǒ qù fùyìn le. Zuótiān bàozhǐ shang yǒu piān wénzhāng fēicháng
有意思。那个人长得什么样子?
yǒu yìsi. Nà ge rén zhǎng de shénme yàngzi?

玛丽: 个儿高高的，圆圆的脸，大大的眼睛，小小
Mǎlì: Gèr gāogāo de, yuányuán de liǎn, dàdà de yǎnjing, xiǎoxiǎo
的嘴。
de zuǐ.

同学: 个儿比我高吗?
Tóngxué: Gèr bǐ wǒ gāo ma?

玛丽: 个儿比你矮，比我高。
Mǎlì: Gèr bǐ nǐ ǎi, bǐ wǒ gāo.

同学：比我胖吗？

玛丽：不比你胖，好像比你瘦一点儿，骑着一辆旧自行车。他说是你表哥。

同学：哦，我知道了，我姑姑的儿子。他是个游泳运动员，来参加国际游泳比赛的。他本来说明天中午来，怎么今天就来了？

玛丽：他给你留了一封信和一包东西，他说信上有他现在住的地址和电话号码，让你明天早上七点半到八点之间给他打个电话。

同学：好的，太感谢你了。对了，我还没告诉你吧，我上星期搬新家了。

玛丽：房子比以前大一些吗？

同学：比以前大多了。

玛丽: Fángzū bǐ yǐqián guì ma?
房租比以前贵吗?

同学: Měi ge yuè fángzū bǐ yǐqián guì liǎng bǎi kuài qián.
每个月房租比以前贵两百块钱。

玛丽: Bú suàn duō.
不算多。

同学: Shì. Wǒ kǎolǜ de zhǔyào shì xiànzài zhù de dìfang lí xuéxiào
是。我考虑的主要是现在住的地方离学校

bǐ yǐqián de jìn de duō. Xiànzài wǒ zhǐyào qí èrshí fēn zhōng
比以前的近得多。现在我只要骑二十分钟

zìxíngchē jiù dào xuéxiào le, yǐqián yào qí yí ge duō xiǎoshí.
自行车就到学校了,以前要骑一个多小时。

Yǒu shíjiān huānyíng nǐ dào wǒ jiā qù wánr.
有时间欢迎你到我家去玩儿。

玛丽: Yǒu jīhuì yídìng qù.
有机会一定去。

同学: Wǒ gěi nǐ liú ge dìzhǐ.
我给你留个地址。

词语 New Words

鞋	(名)	xié	shoe
双	(量)	shuāng	pair (*a measure word*)
难看	(形)	nánkàn	ugly
价格	(名)	jiàgé	price
质量	(名)	zhìliàng	quality
生产	(动)	shēngchǎn	to produce
大小	(名)	dàxiǎo	size

挑	(动)	tiāo	to choose
随时	(副)	suíshí	at any time
或者	(连)	huòzhě	or
退	(动)	tuì	to return
最好	(副)	zuìhǎo	best
袜子	(名)	wàzi	socks
眼镜	(名)	yǎnjìng	glasses
副	(量)	fù	pair (a measure word)
戴	(动)	dài	to wear
衬衫	(名)	chènshān	shirt
裤子	(名)	kùzi	trousers
复印	(动)	fùyìn	to photocopy
篇	(量)	piān	(a measure word)
文章	(名)	wénzhāng	essay
样子	(名)	yàngzi	appearance, shape
个儿	(名)	gèr	height
圆	(形)	yuán	round
比	(介)	bǐ	than
矮	(形)	ǎi	short
胖	(形)	pàng	fat
瘦	(形)	shòu	thin
旧	(形)	jiù	old
表哥	(名)	biǎogē	cousin
姑姑	(名)	gūgu	aunt (father's sister)

第二十六课

本来	（副）	běnlái	originally
包	（量）	bāo	packet, package (*a measure word*)
地址	（名）	dìzhǐ	address
之间		zhī jiān	between
房子	（名）	fángzi	house
房租	（名）	fángzū	rent for a house or flat
算	（动）	suàn	to count, to calculate
考虑	（动）	kǎolǜ	to consider

 重点句式 *Key Sentence Patterns*

1 这种鞋跟那种鞋一样不一样？
Are these pairs of shoes the same as those?

2 不大不小，挺合适的。
Neither too big, nor too small, just a perfect fit.

3 那个人长得什么样子？
What does that person look like?

4 个儿高高的，圆圆的脸，大大的眼睛，小小的嘴。
He is tall, has a round face with big eyes and a small mouth.

5 个儿比你矮，比我高。
He is shorter than you, but taller than me.

6 不比你胖，好像比你瘦一点儿。
He seems a little thinner than you.

7 房子比以前大一些吗？
Is your new house any bigger than your last one?

8 比以前大多了。
It's much bigger than the last one.

Lesson 26 167

9 每个月房租比以前贵两百块钱。
The monthly rental is 20 dollars more than before.

10 不算多。
Not much.

11 我考虑的主要是现在住的地方离学校比以前的近得多。
My major reason is that the place where I live now is much closer to the school than the old one.

注释 Notes

一、不难看

这是一种有保留的肯定，相当于说"还不错"、"还可以"、"还行"。

This is an affirmative remark with reservations, equal to "还不错", "还可以" and "还行".

二、有合适的就买

相当于说，"要是有合适的，我就买。"这种紧缩句我们已经接触过一些，本课又出现了几个，如："有问题你就来。""有时间欢迎你到我家玩儿。""有时间一定去。"

It is a simplified expression from "要是有合适的，我就买。" We have come across some contracted sentences to which more are added in this text, e.g.: "有问题你就来。""有时间欢迎你到我家玩儿。""有时间一定去。"

三、大小合适吗？

注意名词"大小"的构词方式，它是由两个意义相反的单音节形容词叠加在一起构成的，这种名词常表示事物某一方面的属性。又如："高矮"、"胖瘦"、"长短"、"远近"、"冷热"、"快慢"等。

Be aware of the formation of the noun "大小". It is a combination of two monosyllabic antonyms, often indicating the property of something, e.g.: "高矮", "胖瘦", "长短", "远近", "冷热", "快慢" etc.

四、你可以随时来换或者退

"随时",副词,表示不管什么时候,即有需要有可能的时候,常用在动词、形容词前面作状语。又如:"有问题你随时给我打电话,这是我的电话号码。""今天不去没关系,以后我们随时都可以去。"

The adverb "随时", meaning "at any time", often functions as an adverbial before a verb or an adjective, e.g.: "有问题你随时给我打电话,这是我的电话号码。""今天不去没关系,以后我们随时都可以去。"

五、最好是不来换也不来退

这句话意思是:"现在应该挑好,这样以后就不用来换或退了。""最好"或"最好是"是习惯用语,意思是"最理想的选择或最合适的做法"。又如:"明天最好别下雨,这样我们可以出去转转。""晚上我去你那儿还是你来我这儿?——最好是你来我这儿,因为我没有自行车。""你们最好先做完作业再看电视,否则没时间做了。"

This sentence means "you are advised to make a careful choice, so that you won't change or return the shoes." "最好"or "最好是", an idiomatic expression, means "the most ideal choice" or "the most proper comportments", e.g.: "明天最好不下雨,这样我们可以出去转转。""晚上我去你那儿还是你来我这儿?——最好是你来我这儿,因为我没有自行车。""你们最好先做完作业再看电视,否则没时间做了。"

六、刚才有人来找你

这是一个动词为"有"的兼语句。下面的"昨天报纸上有篇文章非常有意思"一句也是这样的句子。

This is a pivotal sentence with "有" as its verb which we discussed. The sentence "昨天报纸上有篇文章非常有意思" also belongs to this type of sentence.

七、个儿高高的,圆圆的脸,大大的眼睛,小小的嘴

形容词重叠后作状语可表示程度加深(如"慢慢儿走"、"好好儿学"),但作定语时,描写作用加强了,特别是单音节形容词重叠后作定语,常常包

含喜爱的感情色彩。又如："她有一张圆圆胖胖的脸和一双大大的眼睛。"

The repetition form of an adjective can be used as an adverbial to indicate an increasing degree, e.g.: "慢慢儿走", "好好儿学". However, when functioning as an attribute, it is used more often for description. The repetition form of a monosyllabic adjective generally indicates one's affection, e.g.: "她有一张圆圆胖胖的脸和一双大大的眼睛。"

"高高的"是形容词重叠后作谓语。

"高高的" is a repetition form of an adjective as a predicate.

八、他本来说明天中午来，怎么今天就来了？

"本来"，副词，意思是"先前、原先"，作状语。又如："他本来学汉语，现在又不学了。""他本来身体不好，后来每天锻炼，现在身体好多了。""本来我不太想去，可他一定让我去，我就只好去了。"

The adverb "本来" means "originally" or "initially", functioning as an adverbial, e.g.: "他本来学汉语，现在又不学了。""他本来身体不好，后来每天锻炼，现在身体好多了。""本来我不太想去，可他一定让我去，我就只好去了。"

九、不算多

"不算……"是一种习惯的说法，用于口语，表示某种估计，意思是"达不到……的程度"，相当于说"不太……"。又如："他的口语不算好。""今天还不算累，昨天特别累。""这个商店的东西还不算太贵。"

In spoken Chinese "不算……" is commonly used in the sense of "not to such an extent", equal to "不太……", e.g.: "他的口语不算好。""今天还不算累，昨天特别累。""这个商店的东西还不算太贵。"

十、我考虑的主要是现在住的地方离学校比以前的近得多

这个句子结构比较复杂。其中，"我考虑的"是"的"字结构作主语；全句的谓语动词是"是"；宾语是主谓短语，即"现在住的地方比以前的近得多"。

This is a complicated sentence in which "我考虑的" is a structure with "的" as the subject of the sentence. "是" is the verbal predicate. The subject-predicate phrase "现在住的地方比以前的近得多" acts as the object.

语法 Grammar

比较的方法　How to make a comparison

（一）用"跟……一样"表示比较　"跟……一样" used to express comparison

"跟……一样"表示两种事物比较的结果是相同的或相似的。在这种句子中，介词"跟"前后是被比较的两种事物。

"跟……一样" is used to indicate the sameness of one thing as the other or the similarity between two things shown in the comparison. In a sentence with this structure two things for comparison are placed before and after the preposition "跟" respectively.

名词/代词1	+	"跟"	+	名词/代词2	+	一样
N./Pron. 1	+	跟	+	N./Pron. 2	+	一样
（1）这种衣服		跟		那种衣服		一样。
（2）我的书		跟		你的书		一样。
（3）这副眼镜		跟		那副眼镜		一样。

这种比较句的否定形式是：

The negative form of such a comparison sentence is:

名词/代词1	+"跟"	+	名词/代词2	+ 不	+ 一样
N./Pron. 1	+ 跟	+	N./Pron. 2	+ 不	+ 一样
（4）今天的电视节目	跟		那天的电视节目	不	一样。
（5）他买的东西	跟		我买的东西	不	一样。

如果表示被比较的两个方面的名词都带定语，第二个名词可以省略。有时"的"也可以省略，甚至只留下定语中最主要的部分。例如：

If two nouns to be compared are preceded by an attribute, the second noun or even its following "的" and the unimportant part of the attribute can be omitted, e.g.:

定语	+名词1+	"跟"	+定语	(+名词2)	(+ "不")	+一样
Attribute	+ N.1	+ 跟	+Attribute	(+N. 2)	(+ "不")	+一样
(6) 我吃的	饭	跟	他吃的	(饭)		一样。
(7) 这种衬衫的	质量	跟	那种	(衬衫)		一样。
(8) 北京生产的	鞋	跟	上海	(生产的)	不	一样。
(9) 我家乡的	天气	跟	这儿	(的天气)	不	一样。
(10) 你问的	问题	跟	他	(问的)		一样。

"跟……一样"的正反疑问式是"跟……一样不一样"。例如：

The affirmative-negative interrogative form of "跟……一样" is "跟……一样不一样", e.g.:

定语	+ 名词1	+ "跟"	+定语	(+名词2)	+ "一样（不）一样"
Attribute	+ N. 1	+ 跟	+Attribute	(+N. 2)	一样（不）一样
(11) 你的	表	跟	我的	表	一样不一样？
(12) 玛丽的	回答	跟	朱丽叶		一样不一样？
(13) 张老师	说的	跟	王老师		一样不一样？
(14) 报纸上	写的	跟	电视上	播的	一样不一样？

（二）用"比"表示比较　"比" used in a comparison

介词"比"表示比较，用来引出类比的对象，说明事物性质上或程度上的差异。例如：

The preposition "比" in a comparison is used to introduce the object for comparison and to indicate the difference of things in character or degree，e.g.:

定语	+名词1	(+ "不")	+ "比"	+定语	(+名词2)	+形容词
Attribute	+ N. 1	(+ 不)	+ 比	+Attribute	(+N. 2)	+ Adj.
(1)	他		比		你	胖。
(2)	今天		比		昨天	冷。
(3) 玛丽的	自行车		比	朱丽叶的	(自行车)	旧。
(4)	他喝的酒	不	比		我	多。

第二十六课

> **注意**：用"比"的比较句，否定式是在"比"前面加"不"，如（4）。
> **Points to be noted**: The negative form of a comparison sentence with "比" can be constituted by putting "不" before "比" as in sentences (4).

如果要明确指出被比较的两事物的具体差异，可以在谓语主要成分后边加数量补语。例如：

The difference between two things can be specifically shown by putting a numeral-measure word complement after the main part of the predicate, e.g.:

定语 Attribute	+名词1 + N. 1	+"比" + 比	+定语 +Attribute	（+名词2） (+N. 2)	+形容词 + Adj.	+数量词语 + N.M.
（5）现在的	房租	比	以前的		贵	两百块钱。
（6）	张老师	比		王老师	大	两岁。

如果要表示大概的差别，可用"一点儿"或"一些"作补语。

A general difference between two things can be shown by using "一点儿" or "一些" as a complement.

（7）	房子	比	以前的		大	一些。
（8）	他	比		我	高	一点儿。

如果差别很大，可以用"得"和程度补语"多"来说明。例如：

A great difference between two things can be shown by using "得" and the complement of degree "多", e.g.:

定语 Attribute	+名词1 + N. 1	+"比" + 比	+定语 + Attribute	（+名词2） (+N. 2)	+形容词 + Adj.	+"得多" + 得多
（9）		他	比		你	胖	得多。
（10）这种		鞋	比	那种		贵	得多。
（11）玛丽的		口语	比		我	好	得多。
（12）我们		学校	比	你们	学校	远	得多。

Lesson 26　173

注意：在用"比"的形容词谓语句里，谓语形容词不能用"很"、"真"、"特别"、"非常"等程度副词修饰。

Points to be noted: Adverbs of degree such as "很","真","特别","非常" can not be used to modify an adjective predicate for comparison.

 练习 Exercises

一、朗读下列句子　Read aloud the following sentences

1. 这种鞋跟那种鞋一样不一样？
2. 那个人不比你胖，好像比你瘦一点儿。
3. 现在的房子比以前大多了。
4. 每个月房租比以前贵两百块钱。
5. 现在住的地方离学校比以前的近得多。

二、替换练习　Substitution drills

1. A：这种鞋跟那种鞋一样不一样？
   B：这种鞋跟那种鞋一样。
   （这种鞋跟那种鞋不一样。）

这本词典	那本词典
这种照相机	那种照相机
这件衬衫	那件衬衫
这条裤子	那条裤子
这个橘子	那个橘子

2. A：那个人比我高吗？
   B：比你矮比我高。

王经理	胖	瘦
李先生	大	小

3. A：房子比以前大一些吗？
   B：比以前大多了。
   （比以前大得多。）

这件	那件	贵
这种	那种	好看
屋子	以前	整齐

4. A: 房租比以前贵吗？
   B: 比以前贵两百块钱。
   （比以前贵一点儿。）

弟弟	妹妹	大	两岁
这种	那种	便宜	二十块钱
今天	昨天	高	两度

三、用"跟……一样"或"跟……不一样"改写句子
Rewrite the following sentence，using "跟……一样" or "跟……不一样"

例 Example:

我的毛衣是红的，她的毛衣也是红的。
她的毛衣跟我的毛衣颜色一样。

1. 我的手提包是黑的，我朋友的手提包是红的。
2. 我的箱子大，他的箱子小。
3. 他的鞋质量好，我的鞋质量不好。
4. 这双袜子两块钱，那双袜子三块钱。

四、用"比"改写下列句子
Rewrite the following sentence with "比"

例 Example:

这件衣服合适，那件衣服不合适。
这件衣服比那件合适。

1. 我家离学校近，他家离学校远。
2. 这件衣服一百二十块，那件衣服九十九块。
3. 这种豆腐一块钱，那种豆腐一块二。
4. 我的裤子八十八块，他的裤子一百块。
5. 这种鞋的质量好一点儿，那种鞋的质量不太好。
6. 玛丽的英语很好，汉语不太好。

7. 这双鞋贵，那双鞋更贵。

8. 这个书架旧，那个书架更旧。

五、把下列词语组成句子
Rearrange the words of each group in the right order

1. 个子　高　王经理　杰克　比
2. 小　不　屋子　这间　比　那间

六、用指定的词语对话　Make dialogues with the given words

例 Example:

　　　　买钱包　　　跟……一样

A：你去哪儿？
B：我去商店买东西。你去吗？
A：我不能去，我要等一个电话。
B：你想买什么？我帮你带。
A：那太好了，谢谢你。你就帮我买一个钱包吧。
B：你要什么样子的？颜色、价格都说好。
A：你看见过杰克的钱包吗？
B：看见过。
A：跟他那个一样就行了。
B：好，我就给你买一个红黑两色的钱包来。
A：没错儿，麻烦你了。

1. 买圆珠笔　　跟……一样
2. 买帽子　　　比……小一点儿

补充词语　Additional Words

间	（量）	jiān	*a measure word*
个子	（名）	gèzi	*height; stature; build*
色	（名）	sè	*colour*

学写汉字 Characters Writing

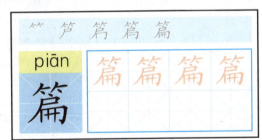

第二十七课　Lesson 27

 课文　Text

(一) 谈 期末 考试
Tán Qīmò Kǎoshì
Discuss the Final Examinations

(Mǎlì hé Zhūlìyè tán qīmò kǎoshì chéngjì.)
(玛丽 和 朱丽叶 谈 期末 考试 成绩。)
(Mary and Juliet chat about their achievements in the final examinations.)

Zhūlìyè: Wǒ xiàwǔ kǎowánle zuìhòu yì mén, nǐ shì shénme shíhou kǎowán de?
朱丽叶：我 下午 考完了 最后 一 门，你 是 什么 时候 考完 的？

Mǎlì: Wǒ shì qiántiān kǎowán de.
玛丽：我 是 前天 考完 的。

Zhūlìyè: Zěnmeyàng? Kǎo de dōu hěn hǎo ma?
朱丽叶：怎么样？考 得 都 很 好 吗？

Mǎlì: Wǒ zìjǐ gǎnjué hái kěyǐ, wǒ xiǎng zhè cì chéngjì huì bǐ shàng cì hǎo yìdiǎnr. Nǐ de chéngjì zhīdao le ma?
玛丽：我 自己 感觉 还 可以，我 想 这 次 成绩 会 比 上 次 好 一点儿。你 的 成绩 知道 了 吗？

第二十七课

朱丽叶： 有的知道了，有的还得过几天。

玛丽： 我这次语法考了85分，口语考了90分。语法成绩没有上次好，但是口语成绩比上次好多了。

朱丽叶： 上次的口语成绩不是你的真正水平，另外，有时候相差几分也不能说明问题，你说呢？

玛丽： 是这样。我觉得这半年来，自己学习进步了，听说能力提高了。

朱丽叶： 你这次口语成绩是全年级里最高的吧？

玛丽： 我想是。

朱丽叶： 这一次期末考试，我没有你努力，也没有你花的时间多，所以这次考试也没有你考得好。

玛丽： 我不相信，你的口语成绩至少85分以上。

Zhūlìyè: Chúle kǒuyǔ yǐwài, bié de kǎo de dōu bú tài hǎo.
朱丽叶： 除了口语以外，别的考得都不太好。

（二）在 咖啡馆儿 聊 天
Zài Kāfēiguǎnr Liáo Tiān
Chat in the cafe

(Jiékè, Mǎlì hé Zhūlìyè zài kāfēiguǎnr liáo tiān.)
(杰克、玛丽 和 朱丽叶 在 咖啡馆儿 聊 天。)
(Jack, Mary and Juliet chat in a cafe.)

Fúwùyuán: Xiǎojie, nín yào shénme?
服务员： 小姐，您要 什么？

Mǎlì: Wǒ yào yì bēi kāfēi.
玛丽： 我 要 一 杯 咖啡。

Fúwùyuán: Nín ne, xiǎojie?
服务员： 您 呢，小姐？

Zhūlìyè: Gěi wǒ yì bēi júzishuǐ.
朱丽叶： 给 我 一 杯 橘子水。

Fúwùyuán: Xiānsheng, nín yào shénme?
服务员： 先生，您 要 什么？

Jiékè: Yì bēi chá.
杰克： 一 杯 茶。

Fúwùyuán: Qǐng shāowēi děng yíxiàr.
服务员： 请 稍微 等 一下儿。

Mǎlì: Jīntiān gòu lěng de. Jiékè, nǐ de jiāxiāng dōngtiān bǐ zhèr
玛丽： 今天 够 冷 的。杰克，你 的 家乡 冬天 比 这儿

hái lěng ba?
还 冷 吧？

Jiékè: Kěbushì. Báitiān jīngcháng shì líng xià shíjǐ dù. Zhūlìyè, nǐ
杰克： 可不是。白天 经常 是 零下 十几 度。朱丽叶，你

de jiāxiāng dōngtiān yǒu zhème lěng ma?
的 家乡 冬天 有 这么 冷 吗？

第二十七课

朱丽叶： 我们那儿冬天没有这么冷，比这儿暖和多了，出门穿一件毛衣就行了。

玛丽： 好几个星期没见到三木小姐了，她在忙什么呢？

杰克： 前几天有一次在车站遇到她，她说她最近忙极了，主要是他们公司跟一个日本公司进行贸易谈判，她是翻译。她说等她忙完这一段，一定邀请我们到她那儿玩儿，请我们吃日本菜，保证比上次玩儿得痛快。

下午你们有什么活动？

玛丽： 一会儿我们先去参观动物园，然后去买点儿东西。朱丽叶看我这件大衣好看，想买一件跟我这件一样的大衣。

杰克： 你的大衣是挺好看的。

朱丽叶: Nǐ xiàwǔ gàn shénme?
你下午干什么?

杰克: Xiàwǔ yǒu jǐ ge xuésheng yào zhǎo wǒ. Xuéqī jiéshù le, yǒuxiē xuéxí qíngkuàng wǒ yě děi gēn tāmen jiāohuàn jiāohuàn yìjian.
下午有几个学生要找我。学期结束了,有些学习情况我也得跟他们交换交换意见。

玛丽: Duì le, dào dòngwùyuán zěnme zǒu?
对了,到动物园怎么走?

杰克: Chūle mén zuò shíbā lù gōnggòng qìchē dào lìshǐ bówùguǎn, ránhòu huàn sìshíqī lù diànchē jiù kěyǐ dào. Hái yǒu, yě kěyǐ zhèyàng zǒu, chūle mén wǎng dōng zǒu, dàgài zǒu yí kè zhōng, zài nàr zuò dìtiě, yìzhí dào dòngwùyuán zhàn xià chē.
出了门坐18路公共汽车到历史博物馆,然后换47路电车就可以到。还有,也可以这样走,出了门往东走,大概走一刻钟,在那儿坐地铁,一直到动物园站下车。

朱丽叶: Nǎ yì tiáo lù jìn ne?
哪一条路近呢?

杰克: Zuò gōnggòng qìchē gēn zuò dìtiě yíyàng yuǎn.
坐公共汽车跟坐地铁一样远。

词语 New Words

感觉	(动)	gǎnjué	to feel
有的	(代)	yǒude	some
语法	(名)	yǔfǎ	grammar
分	(名)	fēn	mark, point

真正	（形）	zhēnzhèng	real
相差		xiāng chà	to differ
说明	（动）	shuōmíng	to show, to explain
来	（名）	lái	since
进步	（动）	jìnbù	to progress
能力	（名）	nénglì	ability
年级	（名）	niánjí	grade, year
努力	（形）	nǔlì	hard
花	（动）	huā	to spend
相信	（动）	xiāngxìn	to believe
至少	（副）	zhìshǎo	at least
以上	（名）	yǐshàng	over
咖啡馆儿	（名）	kāfēiguǎnr	cafe
聊天		liáo tiān	to chat
稍微	（副）	shāowēi	slightly
可不是	（副）	kěbushì	quite so
白天	（名）	báitiān	daytime
经常	（副）	jīngcháng	often
零下		líng xià	below zero
车站	（名）	chēzhàn	station
遇到	（动）	yùdào	to come across, to run into
最近	（名）	zuìjìn	recently
极了		jí le	extremely
段	（量）	duàn	(a measure word)
邀请	（动）	yāoqǐng	to invite

保证	（动）	bǎozhèng	to guarantee, to ensure
痛快	（形）	tòngkuai	to one's heart's content
动物园	（名）	dòngwùyuán	zoo
大衣	（名）	dàyī	overcoat
干什么		gàn shénme	what to do
有些	（代）	yǒuxiē	some
情况	（名）	qíngkuàng	situation
交换	（动）	jiāohuàn	to exchange
意见	（名）	yìjian	opinion, ideas
电车	（名）	diànchē	trolley bus
东	（名）	dōng	east
地铁	（名）	dìtiě	tube, subway
一直	（副）	yìzhí	straight
条	（量）	tiáo	(a measure word)

 重点句式 Key Sentence Patterns

1. 我想这次成绩会比上次好一点儿。
   I think my grade will be a little better than last time.

2. 语法成绩没有上次好，但是口语成绩比上次好多了。
   My grammar is not as good as last time, but my speech is much better.

3. 有时候相差几分也不能说明问题。
   The slight difference doesn't mean anything.

4. 我没有你努力，也没有你花的时间多。
   I don't work hard nor spend so much time as you.

第二十七课

5 你的家乡冬天有这么冷吗？
   Is winter as cold as here in your hometown?

6 我们那儿冬天没有这么冷，比这儿暖和多了。
   It's much warmer than here in my hometown.

7 保证比上次玩儿得痛快。
   She guaranteed there is going to be more fun than last time.

8 朱丽叶想买一件跟我这件一样的大衣。
   Juliet wants to buy a coat that the same as mine.

9 坐公共汽车跟坐地铁一样远。
   It's the same to catch the bus or train.

注释 Notes

一、我下午考完了最后一门

"一门"指一门课程。例如："我们这学期有五门课。"

"一门" stands for a subject, e.g: "我们这学期有五门课。"

二、有的知道了，有的还得过几天

"有的"，代词，作定语时，指由它所修饰的名词表示的人或事物的一部分。可以单用，也可以两三个连用，如果所修饰的名词前面已出现过，则可以省略（如本例）。又如："有的课我学得很好，有的就学得不太好。""这些中文报纸你都看了吗？——有的看了，有的还没看。"

When acting as an attribute, the pronoun "有的" stands for some of the people or things expressed by the noun it modifies. It can stand by itself, or be used twice or three times in series. If the noun appears in the previous context, it can be omitted as in this example, e.g: "有的课我学得很好，有的就学得不太好。""这些中文报纸你都看了吗？——有的看了，有的还没看。"

注意：被"有的"修饰后的名词，一般不能放在动词后边。不能说"*我不吃有的东西。"应该说"有的东西我不吃。"

Points to be noted：The noun modified by "有的" is generally not used after the verb. One can not say "*我不吃有的东西。" Instead one should say "有的东西我不吃。"

"有的还得过几天"意思是，有的课的考试成绩几天以后才能知道。

"有的还得过几天" means "the results of some examinations will come out a few days later."

三、有时候相差几分也不能说明问题，你说呢？

这句话意思是，虽然语法成绩没有上次好，但不一定证明你学得没有以前好。"不能说明问题"，意思是不足以证明某种结论或判断。

This sentence means "Although you didn't do as well as you had done in the grammar exam, that doesn't mean you hasn't learned the subject as well as you did before". "不能说明问题" means "there are no grounds for the conclusion or judgement."

"你说呢"，意思是："你觉得我说得对吗？"或"你怎么想？"又如："这个周末我们去哪儿玩儿？——你说呢？"

"你说呢" means "what do you think of that", e.g.: "这个周末我们去哪儿玩？——你说呢？"

四、我觉得这半年来，自己学习进步了……

"来"，名词，表示从过去某个时候直到说话时为止的一段时间，用在表示时段的词语后面。又如："一年来"、"三天来"、"多年来"、"他的病挺严重，几天来，他一直吃不下东西。"

The noun "来" is used after a word of duration between some time in the past and the time spoken of, e.g.: "一年来"、"三天来"、"多年来"、"他的病挺严重，几天来，他一直吃不下东西。"

五、你的口语成绩至少85分以上

"至少"，副词，表示最低限度。又如："这篇文章至少8000字。""他今年至少五十岁了。"

The adverb "至少" indicates a minimum, e.g.: "这篇文章至少8000字。""他今年至少五十岁了。"

"以上"常用在数量词语后,表示多于或高于。又如:"这个人三十岁以上。"

"以上", often used after numeral and measure words, means "more than" or "higher than". e.g.: "这个人三十岁以上。"

六、出门穿一件毛衣就行了

"出门"在这儿指到屋子外边。在北京话口语里"出门儿"(一般要儿化)有时指离家远行,如:"他出门儿了,下个月才回来。"

"出门" here means "go out". In Beijing dialect "出门儿" (generally with a retroflexed ending) can mean "leave one's home and start a long journey", e.g.: "他出门儿了,下个月才回来。"

七、她说等她忙完这一段……

"忙",在这儿可以看成是动词,可以带宾语。又如:"父亲忙工作,儿子忙学习,俩人都没有空儿。""你最近又在忙什么呢?"

"忙" here can be considered as a verb, therefore it can be followed by an object, e.g.: "父亲忙工作,儿子忙学习,俩人都没有空儿。""你最近又在忙什么呢?"

"这一段",指这一段时间,又如:"我这一段很累,过一段我再去你那儿吧。"

"这一段" means "these days", e.g.: "我这一段很累,过一段我再去你那儿吧。"

八、朱丽叶看我这件大衣好看……

"看"在这儿有"发现"、"觉得"的意思,用在表示原因的分句里,后面接表示结果的分句。又如:"他看玛丽没来,就去给她打电话。""他看我买的那本书挺有意思,也要买一本。"

"看" here carries the meaning of "discover" or "think". It is used in a causal clause followed by a resultative clause, e.g.: "他看玛丽没来,就去给她打电话。""他看我买的那本书挺有意思,也要买一本。"

九、坐公共汽车跟坐地铁一样远

"坐公共汽车"和"坐地铁"是两个动词结构作比较。又如:"吃面条儿比吃米饭和菜便宜。""学习汉语有学习英语容易吗?"

Here a comparison is made between two verbal structures "坐公共汽车" and "坐地铁", e.g.: "吃面条比吃米饭和菜便宜。""学习汉语有学习英语容易吗?"

语法 Grammar

比较的方法　How to make a comparison

(一)"跟……一样"在句中作状语、定语或补语

"跟……一样" used as an adverbial, an attribute or a complement in a sentence

1."跟……一样"作状语

"跟……一样" as an adverbial

名词	+ "跟"+	定语 （+名词)	(+ "不")	+ 一样	+形容词
N.	+ 跟	+Attribute (+N.)	(+ 不)	+ 一样	+ Adj.
(1) 我的自行车	跟	你的 自行车		一样	新。
(2) 现在的钱	跟	过去	不	一样	多。
(3) 你的大衣	跟	他的		一样	漂亮。
(4) 张先生	跟	李先生	不	一样	高。

2."跟……一样"作定语

"跟……一样" as an attribute

"跟……一样"直接作定语修饰后面的名词时,一定要带"的"。例如:

When directly used as an attribute to modify a following noun, the structure "跟……一样" should end with "的". e.g.:

(5) 我想买一条跟你那条一样的裤子。

(6) 他有一个跟我那个一样的桌子。

(7) 我借了一本跟她的一样新的书。

(8) 他们看了一部跟我看的一样有意思的电影。

注意：（7）、（8）句中，"跟……一样"先作状语修饰形容词，形容词词组再修饰后面的名词。

Points to be noted: In sentences（7）and（8）"跟……一样" acts as an adverbial to modify an adjective, and the adjective group as a modifier to the following noun.

3. "跟……一样"作补语

"跟……一样" as a complement

（9）他说汉语说得跟中国人一样。

（10）我写字写得跟他不一样。

"跟……一样"更多的是与形容词一起构成词组放在句中作补语。例如：
In most cases "跟……一样" is combined with an adjective functioning as a complement as a group. e.g.：

（11）他跑得跟你一样快。

（12）我这次考得跟上次一样不好。

（13）他们今天玩儿得跟昨天一样痛快。

（二）用"比"表示比较　　"比" used in comparison

1. 某些动词谓语句也可以用"比"表示比较。例如：

"比" can be used for comparison in a sentence with a verbal predicate, e.g.：

（1）他比我们了解北京人的生活。

（2）玛丽比我喜欢锻炼身体。

（3）我比他们睡得晚，醒得早。

（4）我们这次比上次玩儿得痛快。

2. 在动词谓语句中，如果要表示具体的差别，可以用"早、晚"或"多、少"放在动词前面作状语，并把具体的差别放在动词的后边。例如：

In a sentence with a verbal predicate the difference of comparison can be shown after the verb with "早、晚" or "多、少" before the verb as an adverbial, e.g.：

（5）他今天比我晚睡了一个小时。

（6）这个月他们比上个月多生产了两千双鞋。

（7）我这次考试比上次少得了几分。

（8）他比我早走了十分钟，可晚到了二十分钟。

3. 表示差别大，除了用"得多"作程度补语外，还可以用"多了"作形容词的补语。例如：

A great difference can be shown by using "得多" as a complement of degree, or using "多了" as a complement for an adjective, e.g:

……	+ "比"	……	+形容词	+ "多了"
……	+ 比	……	+ Adj.	+ 多了
(9) 我	比	你	忙	多了。
(10) 三木说汉语	比	我说得	好	多了。
(11) 他们学校	比	我们学校	远	多了。
(12) 玛丽打篮球	比	我打得	好	多了。
(13) 你	比	她长得	漂亮	多了。
(14) 他啤酒喝得	比	我	多	多了。

（三）用"有"或"没有"表示比较

"有" or "没有" used in comparison

动词"有"或"没有"也可以用来表示比较。这种比较方法多用于疑问句（用"有"）或否定句（用"没有"），它表示的是第一种事物在比较的方面达到或没有达到第二种事物的程度。例如：

The verbs "有" and "没有" can also be used in comparison. Such a comparison mostly made in an interrogative (by using "有") or in a negative sentence (by using "没有") indicates that one thing has or has not reached to the degree that the other is at, e.g.:

A	+ "有"或"没有"	+B	+形容词	+其他
A	+ 有 or 没有	+B +	Adj.	+ other Elements
(1) 我家乡	没有	这儿	冷。	
(2) 她	没有	玛丽	漂亮。	
(3) 我的自行车	没有	他的	新。	
(4) 这种鞋	有	那种鞋	贵	吗？
(5) 这次的成绩	有	上次的	好	吗？

还可以在 B 后面加上"这么"或"那么"来指示性状或程度，近指时用"这么"，远指时用"那么"。例如：

B can be followed by "这么" or "那么" to indicate the state or degree of something. The former is used for close reference whereas the latter for far reference, e.g.:

(6) 你今天有昨天那么累吗？
(7) 我们这次成绩没有上次那么好。
(8) 他没有你这么胖。
(9) 去年三木没有这么忙。

正反疑问式是"有没有……"。例如：

Its affirmative-negative interrogative form is "有没有……", e.g.:

(10) 你有没有你父亲那么高？
(11) 今天的饭有没有昨天那么好吃？

动词谓语句里也可以用这种格式。在这些句子中，"有"或"没有"的位置跟"比"一样。例如：

This pattern can be employed in a sentence with a verbal predicate. "有" and "没有", take the same position as "比" does in a sentence, e.g.:

(12) 我没有玛丽那么喜欢篮球。
(13) 你们是外国人，没有我了解中国。
(14) 杰克踢足球有你踢得那么好吗？
(15) 我学习汉语没有你那么努力，所以考得也没有你那么好。

"没有……"跟"不比"意思不同。"他没有我这么高"意思是他比我矮；但"他不比我高"意思是，他可能比我矮，也可能跟我一样高。

"没有……" is different from "不比" in meaning. "他没有我高" means "he is not as tall as me". "他不比我高" can mean "he is not as tall as me" or "he is as tall as me".

"有……"或"没有……"只表示事物的一般比较关系，因此谓语中不能再用表示具体差异的补语。不能说"*他没有我来得早多了。"

Since "有……" or "没有……" only indicates a general comparison, the predicate should not contain a complement showing the difference as a result of comparison. It's wrong to say "*他没有我来得早多了。"

练习 Exercises

一、朗读下列句子　Read aloud the following sentences

1. 我没有你努力，也没有你花的时间多。
2. 你的家乡冬天有这么冷吗？
3. 保证比上次玩儿得痛快。
4. 朱丽叶看我这件大衣好看，想买一件跟我这件一样的大衣。
5. 坐公共汽车跟坐地铁一样远。

二、替换练习　Substitution drills

1. 我跟他一样大。

这个电影	那个电影	有意思
我们学校的学生	他们学校	多
我买的衣服	他买的	好看
走这条路	走那条	近

2. 朱丽叶想买一件跟我那件一样的大衣。

三木小姐	辆	王经理	汽车
玛丽	个	朱丽叶	手提包
我	个	他	书架
杰克	辆	王经理	自行车

3. A: 你家乡冬天有这么冷吗？
   B: 没有这么冷，比这儿暖和多了。

你的自行车	新	这辆	旧
你的房租	贵	你的	便宜
她的进步	快	你	慢
你的房子	高	你的	矮

4. 玛丽<u>学汉语</u>比朱丽叶<u>学</u>得<u>好</u>。

滑冰	好
骑自行车	快
看中文报	快
翻译英语	清楚

三、用"比"或"没有"改写下列句子
Rewrite the following sentences with "比" and "没有"

例 Example：

玛丽每天十一点睡觉，朱丽叶十二点睡觉。
朱丽叶每天比玛丽睡得晚。
玛丽每天没有朱丽叶睡得晚。

1. 我小说看得多，他小说看得少。
2. 三木车开得好，王太太车开得不太好。
3. 玛丽作业做得快，朱丽叶做得不太快。
4. 杰克吃包子吃得多，三木吃得少。
5. 三木八点五十到公司，王经理九点到公司。
6. 玛丽今天穿了一件毛衣，她同学穿了两件毛衣。
7. 朱丽叶做错了三个句子，玛丽做错了一个句子。
8. 玛丽和朱丽叶九点半到的公园，她们的中国朋友九点四十才到。

四、用"有"对下列句子提问，并用"没有"回答
Change the following into interrogative sentences with "有" and answer them with "没有"

例 Example：

今天比昨天暖和。
问：昨天有今天暖和吗？
答：昨天没有今天暖和。

1. 这双鞋的质量比那双好。
2. 玛丽的考试成绩比朱丽叶好。
3. 杰克滑冰滑得比三木好。
4. 她上次考试成绩比这次好。
5. 玛丽比朱丽叶努力，花的时间也比朱丽叶多。
6. 加拿大的冬天比北京冷。
7. 从这儿走比从那儿走近。
8. 坐地铁比坐公共汽车快。

五、选择正确答案　Multiple choice

1. 他汉语说得不错吧？（　）
    A. 他汉语说得比我好。　　　B. 他汉语说得比我很好。
    C. 他汉语说得比我不好。　　D. 他汉语不说得比我好。

2. 你排球打得好不好？（　）
    A. 我排球得打比他好。　　　B. 我排球打得比他好。
    C. 我排球打比他好。　　　　D. 我排球打比他得好。

3. 你想买一件什么样的毛衣？（　）
    A. 我想买了一件跟你这件一样的毛衣。
    B. 我想一件跟你这件一样的买毛衣。
    C. 我想买一件跟你这件一样毛衣。
    D. 我想买一件跟你这件一样的毛衣。

4. 你爸爸比你妈妈大几岁？（　）
    A. 我爸爸比我妈妈五岁大。　　B. 我爸爸没有我妈妈大五岁。
    C. 我爸爸比我妈妈大五岁。　　D. 我爸爸比我妈妈不大。

补充词语　Additional Words

| 少 | （形） | shǎo | few, little |

学写汉字 Characters Writing

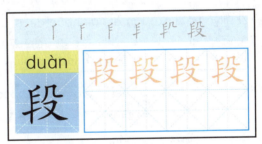
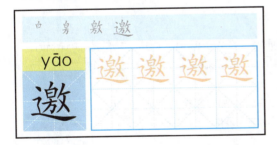

第二十八课　Lesson 28

课文　Text

（一）钱包 丢了
Qiánbāo Diū le
Lose the Purse

(Zhūlìyè hé Jiékè tán diū qiánbāo de shìr.)
(朱丽叶 和 杰克 谈 丢 钱包 的 事儿。)
(Juliet tells Jack about how she lost her purse.)

Zhūlìyè: Zhēn dǎoméi, wǒ de qiánbāo bèi rén tōu le.
朱丽叶： 真 倒霉，我 的 钱包 被 人 偷 了。

Jiékè: Shénme shíhou?
杰克： 什么 时候？

Zhūlìyè: Qiántiān xiàwǔ. Zuìjìn Běijīng Yīnyuètīng bú shì yǒu xīnnián
朱丽叶： 前天 下午。最近 北京 音乐厅 不 是 有 新年
yīnyuèhuì ma? Qiántiān wǒ qù kàn péngyou jīngguò nàr,
音乐会 吗？前天 我 去 看 朋友 经过 那儿，
kàndào hǎoduō rén zài pái duì mǎi yīnyuèhuì de piào, wǒ yě qù
看到 好多 人 在 排 队 买 音乐会 的 票，我 也 去
pái duì le. Sì diǎn duō zhōng, zhènghǎo shì xià bān de shíjiān,
排队 了。四 点 多 钟， 正好 是 下 班 的 时间，
rén yuèláiyuè duō, duì yě yuè pái yuè cháng. Tūrán, wǒ juéde yǒu
人 越来越 多，队 也 越 排 越 长。突然，我 觉得 有

人 碰了 我 一下儿，我 伸 手 一 摸，口袋 里 的
钱包 没了。

杰克： 钱包 被偷走了，你 报告 警察 了 没有？

朱丽叶： 我 一 发现 就 立刻 报告 警察 了。警察 把 情况
记了 一下儿，但 问题 也 没 能 解决。

杰克： 是啊，小偷 没 被 当场 抓到，警察 也 没有
办法。

朱丽叶： 我 也 是 这么 想 的。

杰克： 钱包 里 有 多少 钱？

朱丽叶： 钱 倒是 不 多。只有 几 十 块，麻烦 的 是 钱包 里
有 学生证、借书证、自行车 钥匙 等等。

杰克： 学生证 和 借书证 可以 去 补办，自行车 怎么
办 呢？

朱丽叶： 买 锁 的 时候 不 是 有 两 把 钥匙 吗？另外 一 把 我
忘记 放 在 什么 地方 了。昨天 上午 找 了 半天，

Lesson 28

zuìhòu zhōngyú zhǎodào le.
最后 终于 找到 了。

Jiékè: Yǐhòu chū ménr háishi děi xiǎoxīn yìxiē.
杰克： 以后 出 门儿 还是 得 小心 一些。

Zhūlìyè: Méicuòr.
朱丽叶： 没错儿。

Jiè Shū
（二）借 书
Borrow the books

(Mǎlì hé tóngxué zài túshūguǎn ménkǒur xiāngyù.)
（玛丽 和 同学 在 图书馆 门口儿 相遇。）
(Mary meets a classmate at the entrance of the library.)

Tóngxué: Nǐ lái jiè shū a?
同学： 你来借书啊？

Mǎlì: Kuài fàng hánjià le, wǒ
玛丽： 快 放 寒假 了，我

lái jiè jǐ běn xiǎoshuō kàn.
来借几本 小说 看。

Nǐ yě lái jiè shū?
你也来借书？

Tóngxué: Bù. Zuótiān xiàwǔ wǒ zài túshūguǎn xuéxí, zhōngjiān xiūxi de
同学： 不。昨天 下午我在图书馆学习，中间 休息的

shíhou, wǒ qù yuèlǎnshì kàn zázhì, huílai yǐhòu, fāxiàn wǒ
时候，我去阅览室看杂志，回来以后，发现我

de Hànyǔ kèběn, gāngbǐ, cídiǎn shénmede jiào rén nácuò
的 汉语 课本、钢笔、词典 什么的 叫 人 拿错

le. Wǒ lái kànkan yǒu méiyǒu rén sòng huílai.
了。我来看看有没有人 送 回来。

Mǎlì: Zhǔn shì shuí zháojí huí jiā, bǎ dōngxi nácuò le.
玛丽： 准 是 谁 着急回家，把东西拿错了。

Tóngxué: Nǐ xiǎng jiè shénme xiǎoshuō? Zhōngguó de háishi wàiguó de,
同学： 你 想 借什么 小说？ 中国 的还是 外国 的，

古代的还是现代的？

玛丽：我喜欢看反映现代青年生活的小说。

同学：最近几年，有几个青年作家写了不少这方面的好作品，据说有些已经被翻译成很多种外语。

玛丽：我看过几篇翻译成英文的，写得挺有意思。

同学：是吗？我到阅览室看看，一会儿再聊。

玛丽：快去吧，说不定东西被送回来了。

（在借书处）

玛丽：我借几本书。

图书管理员：有借书证吗？

玛丽：有。请问，这几本书书架上找不到，是不是让别人借走了？

图书管理员：要是书架上没有，那就是叫人借走了。不

guò, nǐ kěyǐ yùyuē, shū huán huílai yǐhòu wǒmen huì mǎshàng tōngzhī nǐ.
过，你可以预约，书还回来以后我们会马上通知你。

Mǎlì: Zěnme bàn yùyuē?
玛丽： 怎么办预约？

Túshūguǎnlǐyuán: Nǐ zài zhè shàngmian dēngjì yíxiàr jiù xíng.
图书管理员： 你在这上面登记一下儿就行。

Mǎlì: Qǐngwèn, hánjià qījiān, túshūguǎn kāi mén ma?
玛丽： 请问，寒假期间，图书馆开门吗？

Túshūguǎnlǐyuán: Kāi, gēn píngshí yíyàng.
图书管理员： 开，跟平时一样。

词语 New Words

钱包	（名）	qiánbāo	purse
丢	（动）	diū	to lose
被	（介）	bèi	by
偷	（动）	tōu	to steal
音乐厅	（名）	yīnyuètīng	concert hall
新年	（名）	xīnnián	New Year
经过	（动）	jīngguò	to pass
排队		páiduì	to queue up
越来越		yuèláiyuè	more and more
越…越…		yuè...yuè...	the more...the more
碰	（动）	pèng	to bump
伸手		shēn shǒu	to stretch out

摸	（动）	mō	to feel
口袋	（名）	kǒudài	pocket
报告	（动）	bàogào	to report
警察	（名）	jǐngchá	police
发现	（动）	fāxiàn	to find out
记	（动）	jì	to write down
但	（连）	dàn	but
解决	（动）	jiějué	to solve
小偷	（名）	xiǎotōu	thief
当场	（副）	dāngchǎng	on the spot
抓	（动）	zhuā	to catch
证	（名）	zhèng	card, certificate
补	（动）	bǔ	to make up for
锁	（名）	suǒ	lock
忘记	（动）	wàngjì	to forget
终于	（副）	zhōngyú	at last
图书	（名）	túshū	books
寒假	（名）	hánjià	winter vacation
阅览室	（名）	yuèlǎnshì	reading room
杂志	（名）	zázhì	magazine
课本	（名）	kèběn	textbook
钢笔	（名）	gāngbǐ	pen
什么的		shénmede	and so on
准	（副）	zhǔn	surely, must

Lesson 28

据说	（动）	jùshuō	it is said
外语(外文)	（名）	wàiyǔ(wàiwén)	foreign language
说不定	（副）	shuōbudìng	perhaps
别人	（名）	biérén	others
预约	（动）	yùyuē	to ask for reservation
期间	（名）	qījiān	duration
平时	（名）	píngshí	at ordinary times

重点句式 Key Sentence Patterns

1 真倒霉，我的钱包被人偷了。
It's too bad, my wallet has been stolen.

2 最近北京音乐厅不是有新年音乐会吗？
Isn't there a New Year concert in Beijing Music Theater recently?

3 人越来越多，队也越排越长。
The queue is going longer and longer because of the increasing number of people.

4 小偷没被当场抓到，警察也没有办法。
The police can do nothing, since the thief wasn't detected right then.

5 买锁的时候不是有两把钥匙吗？
Aren't there 2 keys to the lock when they are purchased?

6 昨天上午找了半天，最后终于找到了。
Finally, I found it after I had been looking for the whole morning.

7 我的汉语课本、钢笔、词典什么的叫人拿错了。
Someone took my Chinese book, pen and dictionary by mistake.

8 快去吧，说不定东西被送回来了。
Hurry up, the items might have been back.

9 这几本书书架上找不到,是不是让别人借走了?
These books can't be found on the shelves. Have they been borrowed by someone?

注释 Notes

一、突然,我觉得有人碰了我一下儿

"突然",表示急促而出人意外,作状语,可用在动词或形容词前,也可用于句首。又如:"晚上我正要睡觉,突然有人来找我。""他刚要进去,屋子里的灯突然亮了。""大家发现她的脸突然白了,赶快把她送进了医院。"

"突然", meaning "suddenly", functions as an adverbial before the verb or adjective, or at the beginning of a sentence, e.g.:"晚上我正要睡觉,突然有人来找我。""他刚要进去,屋子里的灯突然亮了。""大家发现她的脸突然白了,赶快把她送进了医院。"

二、麻烦的是钱包里有学生证、借书证、自行车钥匙等等

"麻烦",意思是费事,不好办,"麻烦的"是一个"的"字结构,指"麻烦的事情"。

"麻烦" means "trouble"."麻烦的" is a phrase with "的" used in a sense of "something troublesome".

"等等"表示列举未完,一般用于书面语,后边一般不能有其他词语。又如:"我们学习汉语、中国历史等等。""他买了不少东西,有面包、牛奶、糖等等。"

Mostly in written Chinese "等等" indicates an unfinished list without any word following, e.g.:"我们学习汉语、中国历史等等。""他买了不少东西,有面包、牛奶、糖等等。"

三、最后终于找到了

"终于",副词,表示经过较长过程最后出现(希望达到的)结果。又如:"这个问题终于解决了。""他早就想来中国,今天终于来了。"

The adverb "终于" indicates that something comes at long last, e.g.: "这个问题终于解决了。""他早就想来中国,今天终于来了。"

四、汉语课本、钢笔、词典什么的

"什么的"用在一个成分或几个并列成分后,相当于"等等",口语中比"等等"常用。又如:"他喜欢打篮球什么的。""桌子上放着书、报纸什么的。"

"什么的" is equal to or used more often in spoken Chinese than "等等". It often appears after a sentence element or elements in series, e.g.: "他喜欢打篮球什么的。""桌子上放着书、报纸什么的。"

五、准是谁着急回家,把东西拿错了

"准是……",表示推断,口语,相当于"一定是……"。又如:"他没来上课,准是病了。""今天准是你给我打电话了吧?——没错儿,可一直找不到你。"

In spoken Chinese "准是……" expresses one's inference, is the equivalent of "一定是……", e.g.: "他没来上课,准是病了。""今天准是你给我打电话了吧?——没错儿,可一直找不到你。"

六、据说有些已经被翻译成很多种外语

"据说",意思是根据别人说或根据传说。"据说"本身不作主语,在句中多用作插入成分。又如:"据说我们这学期不考试了。""这个人据说是英文系毕业的,可他的英语说得不太好。"

"据说" means "it is said". It does not act as a subject, but a parenthesis in a sentence, e.g.: "据说我们这学期不考试了。""这个人据说是英文系毕业的,可他的英语说得不太好。"

七、说不定东西被送回来了

"说不定",副词,表示推测,有"可能"的意思,用于口语。又如,"都八点了,他还没来,说不定不来了。""我的钱包没了,说不定让人偷走

了。""你明天不出去吧，我明天说不定去找你。"

The adverb "说不定" expresses one's conjecture or a possibility, and is often used in spoken Chinese, e.g.: "都八点了，他还没来，说不定不来了。""我的钱包没了，说不定让人偷走了。""你明天不出去吧，我明天说不定去找你。"

语法 Grammar

一、"被"字句　Sentences with "被"

汉语中可以用介词"被、让、叫"来表示被动，叫做"被"字句。"被"字句的主语位于句首，是动作的受事者，动作的施事者由介词"被、让、叫"引出。例如：

There is another type of passive sentences with prepositions such as "被、让、叫" known as sentences with "被". The subject placed at the beginning of the sentence is the recipient of an action. The prepositions "被、让、叫" can be used to introduce the doer of the action, e.g.:

名词/代词 N. / Pron. （动作受事） (Recipient)	+"被/让/叫" + 被/让/叫	+ 名词/代词 + N. / Pron. （动作施事） (Doer)	+ 动词 + V.	+ 其他成分 + Other Element
（1）我的钱包	被	小偷	偷	走了。
（2）玛丽的书	让	朱丽叶	借	去了。
（3）他	被	大家	送	进了医院。
（4）房间里的灯	被	谁	打开	了？

从上面的句子可以看出，"被"字句的主语一般是确指的或已知的，谓语动词一般不是一个简单的动词，往往还带有其他的成分，如："了"、补语、宾语等等，以表示动作的结果、程度等。另外，如果动作的施事者不必说出或不能说出，就可以用虚指的"谁"或泛指的"人"来代替，如（4）句。

From the above sentences one can see that in a "被" sentence the subject is often clearly defined or known, the predicate is not only performed by a simple verb but must be accompanied by other elements such as "了", a complement and an object etc., so as to indicate the result or degree of the action. In addition to that, "人" or "谁" for general or indefinite reference can substitute for the doer unknown or unnecessarily indicated as in sentences (4).

介词"被"多用于书面语,"让"、"叫"常用于口语。

The preposition "被" is mostly used in written Chinese, whereas "让" and "叫" are used in spoken Chinese.

有时,施事者不需要指明或无法指明,可以把"被"直接放在动词前表示被动,但"让"和"叫"则不能这样用,这两个介词的后面必须出现特定的施事者或泛指的"人"。例如:

Sometimes "被" can be directly used before the verb to show the passiveness when the doer is unknown or unnecessarily indicated. However the prepositions "让" and "叫" should be followed by a clearly defined doer or "人" for general reference. e.g.:

名词/代词 N. / Pron. (动作受事) (Recipient)	+ "被" + 被	+ 动词 + V.	+ 其他成分 + other Elements
(5) 他的自行车	被	偷	了。
(6) 窗户	被	打	开了。
(7) 丢的东西	被	找	回来了。
(8) 张老师	被	请	来参加今天的晚会了。

"被"字句中如果有否定副词、助动词或其他状语,一定要放在"被、让、叫"的前面。例如:

The negative adverb, auxiliary verb or adverbial, if any, should be placed before "被", "让" or "叫", e.g.:

(9) 你要的那些东西还没有被别人拿走。

(10) 玛丽说不定叫谁请去看电影了。

（11）他的钱很可能被小偷偷去了。

（12）钱包没被人拿走，是他自己放在什么地方了。

二、"越来越……"和"越……越……"格式
The patterns "越来越……" and "越……越……"

"越来越……"和"越……越……"都表示事物的程度因某种原因的影响而加深，但具体的意思和用法又不尽相同。

Both "越来越……" and "越……越……" indicate an increasing degree of something, but they are different in meaning and usage.

"越来越……"表示程度随着时间的推移而发展。例如：

"越来越……" indicates a degree increasing with passing time, e.g.:

（1）冬天了，天气越来越冷。

（2）他汉字写得越来越漂亮了。

（3）玛丽来这儿两年了，她越来越喜欢这个地方。

（4）人们的生活水平越来越高。

"越……越……"，可表示为"越 A 越 B"。这一格式表示在程度上 B 随着 A 的变化而变化。可以分为两种情况：

"越……越……", often found in the pattern "越 A 越 B", shows that B changes correspondingly to what A does. It can be used in two ways:

1. A 和 B 的主语不一样。例如：

   The subject of A is different from that of B, e.g.:

   （5）我越着急，他越不着急。

   （6）课文越容易，学生越不容易忘。

   （7）他这个人真有意思，天气越冷，他穿得越少。

2. A 和 B 的主语一样。例如：

   A and B share the same subject, e.g.:

   （8）外边的雨越下越大。

   （9）他的汉字越写越漂亮。

   （10）别着急，越着急越解决不了问题。

三、用"不是……吗?"表示反问
"不是……吗?" used in a rhetorical question

"不是……吗?"是一种反问句,用来强调肯定,带有事实明显如此的语气。例如:

"不是……吗?" is a pattern for a rhetorical question, indicate "it is evidently so", e.g.:

(1) 她不是喜欢看书吗?
(2) 你不是说不来了吗?怎么又来了?
(3) 最近不是有一个好看的电影吗?
(4) 还是我请你吃吧,你的钱包不是被人偷了吗?
(6) 今天不是周末吗?我们出去上哪儿玩儿玩儿吧?

练习 Exercises

一、朗读下列句子　Read aloud the following sentences

1. 真倒霉,我的钱包被人偷了。
2. 最近北京音乐厅不是有新年音乐会吗?
3. 人越来越多,队也越排越长。
4. 我的汉语课本、钢笔、词典什么的叫人拿错了。
5. 快去吧,说不定东西被送回来了。

二、替换练习　Substitution drills

1. 钥匙被我找到了。
　　（叫）
　　（让）

自行车	朋友	骑走
我的笔	人	借走
词典	同学	借去
这几本书	别人	借走

2. 说不定东西被送回来了。

那本小说	借走
钱包	找到
自行车	偷
小偷	抓到

3. 雨越下越大。

风	刮	大
大家	走	有意思
他们	走	快
队	排	长

4. 人越来越多了。

雪		小
她		漂亮
他身体		好
语法		难

三、把下列句子改成"被"字句
Rewrite the following sentences with "被"

例 Example：

小偷把朱丽叶的钱包偷走了。
朱丽叶的钱包被小偷偷走了。

1. 朱丽叶把屋子收拾干净了。
2. 朱丽叶把书架拿出去修了。
3. 他们把那两个箱子放在上面了。
4. 同学把玛丽的自行车骑回学校去了。
5. 三木出了交通事故，人们把她送到了医院。
6. 大夫把三木的伤治好了。
7. 杰克把图像调清楚了。
8. 朱丽叶把啤酒喝完了。

四、把下列肯定句改成正反疑问句，并用否定式回答
Change the following affirmative sentences into affirmative negative sentences and give negative answers to them

例 Example：

我的词典被人借去了。
A：你的词典被人借去没有？
B：我的词典没被人借去。

1. 我的钱包被偷走了。
2. 玛丽的自行车被同学骑走了。
3. 她的房间让她收拾整齐了。
4. 我的书叫人拿错了。
5. 东西被送回来了。

五、用"越……越……"、"越来越"填空
Fill in the blanks in the following sentences, using "越……越……" or "越来越"

1. 这个工厂生产的鞋质量_____好。
2. 三木刚学会滑冰，她现在_____滑_____爱滑。
3. 雨_____下_____大，我们走不了了。
4. 杰克来北京好几次了，他_____喜欢北京。
5. 你的茶真好喝，我_____喝_____喜欢喝。
6. 这儿的包子相当不错，你一定会_____吃_____爱吃。
7. 你的女儿_____好看了。
8. 夏天到了，天气_____热。

第二十八课

六、把下列词语组成句子
Rearrange the words of each group in the right order

1. 被 朋友 她 楼上 到 叫 了 去
2. 风 地图 叫 墙 刮 的 上 下来 了
3. 终于 病 他 被 的 治 大夫 了 好
4. 了 个 被 小偷 那 终于 抓 警察 住

七、用"不是……吗?"改写句子
Rewrite the following sentences with "不是……吗?"

1. 你走了,怎么又回来了?
2. 他把钱包丢了,又找到了?
3. 你们要考试了,怎么还不复习呢?
4. 你今天上午有课,怎么不走呢?
5. 杰克感冒了,为什么还不休息呢?

八、判断下列句子正误
Decide if the following sentences are grammatically correct

1. 雨越来越下大。　　　　　(　)
2. 我的词典没让借走。　　　(　)
3. 我的房间钥匙没让我拿出来。(　)
4. 窗户没叫打开。　　　　　(　)
5. 三木被王经理请去了。　　(　)

补充词语	Additional Words		
好喝	(形)	hǎohē	good to drink; tasty; delicious
为什么		wèi shénme	why

Lesson 28

学写汉字 Characters Writing

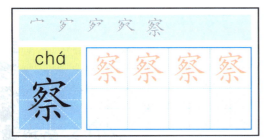

第二十九课　Lesson 29

 课文　Text

（一）谈 节日
Tán Jiérì
Discuss the Festivals

(Jiékè hé tā de yí ge xuésheng tán zhōngwài jiérì.)
(杰克和他的一个 学生 谈 中外 节日。)
(Jack and his student chat about Chinese and foreign festivals.)

Jiékè: Tīngshuō nǐ hánjià bù huí jiā le, shì ma?
杰克：听说 你寒假不回家了，是吗？

Xuésheng: Shì. Wǒ hái yǒu bàn nián duō jiù bì yè le, xiǎng lìyòng hánjià yí
学生：是。我还有半年多就毕业了，想 利用寒假一

ge lái yuè de shíjiān hǎohāor de kàndiǎnr shū, xuédiǎnr
个来月的时间 好好儿 地 看点儿书，学点儿

dōngxi, tóngshí zhǎoxiē dānwèi, liánxì yíxiàr bì yè yǐhòu de
东西，同时 找些 单位，联系一下儿毕业以后的

gōngzuò.
工作。

Jiékè: Chūn Jié zài nǎr guò?
杰克：春 节在哪儿过？

Xuésheng: Wǒ shūshu jiā zài Běijīng, Chūn Jié nà jǐ tiān, wǒ shàng tā nàr.
学生：我 叔叔家在北京，春节那几天，我 上 他那儿。

您在中国过过春节没有?

杰克: 过过两次,挺热闹的。

学生: 您觉得春节有意思还是圣诞节有意思?

杰克: 应该说都很有意思。春节是中国人最大的传统节日,圣诞节是许多西方人最大的传统节日。但是,国家不同,民族不同,社会生活习俗不同,如何过节也就很不相同,不好比较。除了春节,中国还有哪些有名的传统节日?

学生: 中国还有四五个比较有名的传统节日,例如元宵节、清明节、端午节、中秋节等等。

杰克: 除了圣诞节,复活节也是西方人比较有名的传统节日。

学生: 今年春节您在北京过吗?

杰克: 我可能跟朋友一块儿到南方旅行。在北京

gōngzuò de shíjǐ ge Jiānádà péngyou, tāmen yǒude gāng dào
工作 的 十几 个 加拿大 朋友，他们 有的 刚 到

Běijīng bùjiǔ, yǒude Hànyǔ bú tài hǎo, fēi yào wǒ péi tāmen qù
北京 不久，有的 汉语 不太 好，非要 我 陪 他们 去

bù kě, wǒ bú qù bù héshì.
不 可，我 不 去 不 合适。

Xuésheng: Gēn péngyou yìqǐ guòguo jié, yě tǐng yǒu yìsi de.
学生： 跟 朋友 一起 过过 节，也 挺 有 意思 的。

(二) 谈 北京
Tán Běijīng
Discuss Beijing

(Jiékè, Mǎlì hé Zhūlìyè zài Sānmù jiā chī guò fàn yǐhòu liáo tiānr.)
(杰克、玛丽 和 朱丽叶 在 三木 家 吃 过 饭 以后 聊 天儿。)
(Jack, Mary and Juliet chat together after a meal at Miky's house.)

Sānmù: Zánmen xiànzài shì tīng huìr
三木： 咱们 现在 是 听 会儿

yīnyuè háishì tiào huìr wǔ?
音乐 还是 跳 会儿 舞？

Jiékè: Liǎng wèi xiǎojie, nǐmen de
杰克： 两 位 小姐，你们 的

yìjiàn ne?
意见 呢？

Mǎlì: Wǒmen yìbiān tīng yīnyuè yìbiān liáo tiānr ba.
玛丽： 我们 一边 听 音乐 一边 聊 天儿 吧。

Zhūlìyè: Xíng.
朱丽叶： 行。

Sānmù: Wǒ qù nòngdiǎnr hē de lai.
三木： 我 去 弄点儿 喝 的 来。

玛丽: 杰克，你在北京好几年了，谈谈你对北京的印象，怎么样？

杰克: 我对北京的印象，简单地说就是四个字："多"、"大"、"长"、"快"。

朱丽叶: 说具体一点儿。

杰克: "多"就是人太多；"大"就是地方太大；"长"是说北京的历史悠久；"快"是说北京这二十年来发展很快。

三木: 听说北京原来的人口只有一千万左右，现在是一千七百多万，外地人就占四分之一。商店里、马路上到处都是人，公共汽车上经常挤得满满的。

朱丽叶: 北京地方是大，一出门儿就得半天儿。

玛丽: 北京有多少年的历史了？

三木：大概有两三千年的历史了吧。

杰克：我刚看过一份材料，北京已经有三千多年的历史了。历史上，金、元、明、清四个朝代都曾经在这儿建都。这就是北京有那么多名胜古迹的原因。说到"快"，这几年生活在北京的人都能感觉到经济确实发展得很快。

朱丽叶：我发现来北京的外国人越来越多。

玛丽：北京是中国的首都，是中国的政治中心，外国大使馆就有一百多个，来友好访问的外国人就有不少。

杰克：另外，随着经济建设事业的发展，来做生意的、来旅游的、来学术交流的、来进修学习的也都一天比一天多。

词语 New Words

节日	（名）	jiérì	festival, holiday
利用	（动）	lìyòng	to use
同时	（名）	tóngshí	meanwhile
单位	（名）	dānwèi	unit
叔叔	（名）	shūshu	uncle
不同		bù tóng	different
社会	（名）	shèhuì	society
习俗	（名）	xísú	custom
如何	（代）	rúhé	how
相同	（形）	xiāngtóng	same
例如	（动）	lìrú	for instance
不久	（形）	bùjiǔ	not long
非	（副）	fēi	have got to, not
不…不…		bù...bù...	have to
弄	（动）	nòng	to make, to get
印象	（名）	yìnxiàng	impression
具体	（形）	jùtǐ	concrete
悠久	（形）	yōujiǔ	long-standing
发展	（动）	fāzhǎn	to develop
原来	（形）	yuánlái	original
人口	（名）	rénkǒu	population
左右	（名）	zuǒyòu	about
外地	（名）	wàidì	places other than where one is

占	(动)	zhàn	to amount to
…分之…		…fēnzhī…	…of the totality
挤	(动)	jǐ	to pack
满	(形)	mǎn	full
材料	(名)	cáiliào	material
朝代	(名)	cháodài	dynasty
建都		jiàn dū	to found a capital
大使馆	(名)	dàshǐguǎn	embassy
友好	(形)	yǒuhǎo	friendly
访问	(动)	fǎngwèn	to visit
随着	(介)	suízhe	along with
建设	(动)	jiànshè	to establish
事业	(名)	shìyè	undertaking
做生意		zuò shēngyi	to do business
学术	(名)	xuéshù	learning
交流	(动)	jiāoliú	to communicate
进修	(动)	jìnxiū	to engage in advanced studies

专名 Proper nouns

春节	Chūn Jié	the Spring Festival
圣诞节	Shèngdàn Jié	Christmas Day
西方	Xīfāng	the West
元宵节	Yuánxiāo Jié	the Lantern Festival
清明节	Qīngmíng Jié	Tomb-sweeping Festival
端午节	Duānwǔ Jié	the DragonBoat Festival
中秋节	Zhōngqiū Jié	the Mid-Autumn Festival

标准汉语教程（第二版）·会话篇 II

复活节	Fùhuó Jié	Easter
金	Jīn	the Jin Dynasty
元	Yuán	the Yuan Dynasty
明	Míng	the Ming Dynasty
清	Qīng	the Qing Dynasty

重点句式 Key Sentence Patterns

1. 我想利用寒假一个来月的时间好好儿地看点儿书。
   I want to do some reading during the winter holiday.

2. 中国还有四五个比较有名的传统节日。
   There are about 4 or 5 famous traditional festivals in China.

3. 在北京工作的十几个加拿大朋友，他们有的刚到北京不久，有的汉语不太好，非要我陪他们去不可，我不去不合适。
   Tens of Canadian friends who are working in Beijing insist on inviting me to go with them. Some of them just come to Beijing, and some can't speak good Chinese. It is impolite that I won't go there.

4. 你在北京好几年了，谈谈你对北京的印象，怎么样？
   You've been living in Beijing for several years, what do you think of Beijing?

5. "快"是说北京这二十年来发展很快。
   "Fast" means Beijing has been developing very rapidly in decades.

6. 听说北京原来的人口只有一千万左右，现在是一千七百多万。
   It is said that Beijing's population has risen from 10,000,000 to 17,000,000.

7 北京已经有三千多年的历史了。

Beijing has 3000 years history.

8 北京是中国的首都,是中国的政治中心,外国大使馆就有一百多个。

Beijing is the capital of China, and the political center of China, there are over one hundred of foreign embassies there.

注释 Notes

一、同时找些单位,联系一下儿毕业以后的工作

"单位",指机关、团体或属于一个机关团体的各个部门。例如:"您是哪个单位的?——我是北京大学的。""很多单位都来参加今天的会。"

"单位"stands for offices, organizations or departments, e.g.:"您是哪个单位的?——我是北京大学的。""很多单位都来参加今天的会。"

二、春节

春节是农历的正月一号,也就是旧历新年,这是中国人最重视的节日,是全家人团聚的日子。

The Spring Festival, or lunar New Year, falls on the first day of the first lunar month. It is an important holiday for Chinese family reunion.

三、不好比较

"好"在这儿是形容词,相当于"容易",用于口语。又如:"今天的作业不太好做,语法题挺难的。""你没有当场抓住那个小偷,问题就不好解决了。"

In spoken Chinese the adverb "好" is equal to "easy", e.g.:"今天的作业不太好做,语法题挺难的。""你没有当场抓住那个小偷,问题就不好解决了。"

四、元宵节、清明节、端午节、中秋节

元宵节是农历正月十五号,这一天有观灯吃元宵的风俗;清明节在公历

四月五号左右，民间习惯在这一天扫墓以祭奠死者；端午节在农历五月五号，这天人们吃粽子，举行龙舟竞赛纪念古代爱国诗人屈原；中秋节是农历八月十五，据说这天晚上的月亮最圆，有赏月和吃月饼的风俗。

The Lantern Festival falls on the fifteenth day of the first lunar month. Customarily people watch lantern shows and eat glutinous rice-flour balls on that night. The Tomb-sweeping Festival takes place on the fifth of April or one day earlier when people visit their ancestors' graveyards. The Dragon Boat Festival is marked on the fifth day of the fifth lunar month by preparing zongzi (little food packets in bamboo leaves) and holding dragon boat races in memory of the ancient poet Qu Yuan. The Mid-Autumn Festival is celebrated on the fifteenth day of the eighth lunar month when the moon is at its brightest and fullest in a year. Traditionally people eat moon cakes while enjoying looking at the moon.

除了春节以外，中国人最重视的是中秋节，它是合家团聚和思乡念友的日子。

The Mid-Autumn Festival is the most important holiday next to the Spring Festival. It is a great occasion for a Chinese family reunion, and an occasion when people miss their friends and feel home sick.

五、我们一边听音乐一边聊天儿吧

"一边……一边……"格式，表示两个动作同时进行。又如："他们一边喝茶一边看报纸。""他一边唱一边跳，非常高兴。""杰克一边教英语，一边还学汉语。"

The pattern "一边……一边……" can be used to indicate two actions that are going on simultaneously, e.g.: "他们一边喝茶一边看报纸。""他一边唱一边跳，非常高兴。""杰克一边教英语，一边还学汉语。"

六、我去弄点儿喝的来

"弄"，动词，在这儿意思是"设法取得"。又如："篮球比赛的票我已经弄到了，你去不去看？""谁帮我弄点儿吃的来？""他弄来不少钱。"

The verb "弄" here means "try to get", e.g.: "篮球比赛的票我已经弄到了，你去不去看？""谁帮我弄点吃的来？""他弄来不少钱。"

七、外地人就占四分之一

汉语中分数的表示法是先说分母再说"分之",最后说分子。

The Chinese indication of fractions begins with the denominator, then goes to "分之", and ends up with the numerator.

表示比例关系,可用动词"占",常说"A 占(B 的)X 分之 Y。"例如:"我们学校男学生占百分之六十(60%),女学生只占百分之四十。""中国的人口大概占全世界人口的五分之一(1/5)。"

A proportion can be shown by using the verb "占". The formula is "A 占 (B 的) X 分之 Y", e.g.: "我们学校男学生占百分之六十(60%),女学生只占百分之四十。""中国的人口大概占全世界人口的五分之一(1/5)。"

八、商店里、马路上到处都是人

"到处",副词,各处、各个地方的意思,作状语。又如:"我的家乡到处都是花儿。""你的东西别到处放,行吗?"

The adverb "到处", meaning "everywhere", acts as an adverbial, e.g.: "我的家乡到处都是花儿。""你的东西别到处放,行吗?"

九、历史上,金、元、明、清四个朝代都曾经在这儿建都

金、元、明、清是中国古代四个朝代的名字,这几个朝代都曾经在北京建立首都。它们各自的年代分别如下:金朝(1115—1234)、元朝(1206—1368)、明朝(1368—1644)、清朝(1616—1911)。

金,元,明 and 清 are names of Chinese dynasties in which Beijing was founded as the capital. The following are the years of the four reigns:金朝 The Jin Dynasty(1115—1234),元朝 The Yuan Dynasty(1206—1368),明朝 The Ming Dynasty(1368—1644),清朝 The Qing Dynasty(1616—1911)。

十、这就是北京有那么多名胜古迹的原因

"这就是……的原因",解释某种结果产生的原因。又如:"我上星期病了,这就是我没来上课的原因。"

"这就是……的原因" is a common expression used to explain the reason why something is done as a result of something else, e.g.: "我上星期病了，这就是我没来上课的原因。"

十一、随着经济建设事业的发展，……

"随着"，介词，常见说法是"随着A……，B……"，表示A变化，B跟着变化。又如："随着生活水平的提高，人们越来越注意学习新的东西。""随着经济的发展，人们的生活越过越好。"

The preposition "随着", often found in "随着A……，B……", means that B changes correspondingly to what A does, e.g.: "随着生活水平的提高，人们越来越注意学习新的东西。""随着经济的发展，人们的生活越过越好。"

十二、一天比一天多

"一天比一天"，可以作状语，说明随着时间推移，事物变化程度递增。类似地，还可以说"一年比一年"、"一个月比一个月"、"一个星期比一个星期"等等。又如："他的身体一年比一年好。""我一天比一天忙，一天比一天累。"

The pattern "一天比一天" used as an adverbial means "a change increasingly taking place with the passing time". Here are some more similar expressions："一年比一年"，"一个月比一个月"，"一个星期比一个星期"，e.g.: "他的身体一年比一年好。""我一天比一天忙，一天比一天累。"

语法 Grammar

一、结构助词小结　A brief summary of the structural particles

现代汉语中的结构助词共有三个，即"的"、"得"、"地"。它们的作用是把词语连接起来，使它们成为具有某种句法结构关系的结构。"的"用来连接定语和中心语；"得"用来连接补语及其中心语；"地"则用来连接状语和中心语。

There are three structural particles in modern Chinese, namely "的"，"得" and "地". They are used to connect words and make them syntactic structures. "的" is used to connect an attribute with its head word, "得" links a complement with its head word whereas "地" functions as a connecter between an adverbial and its head word.

（一）结构助词"的"　　The structural particle "的"

"的"是连接定语和中心语的，是定语的标志。例如：

As an attribute marker "的" is used to connect an attribute with its head word, e.g.:

（1）这是我的大衣。
（2）来北京做生意的人一天比一天多。
（3）在那儿站着聊天的几个学生是我们班的。
（4）这是我们送你的圣诞礼物。

"的"还可以与名词、代词、形容词、动词等一起组成"的"字结构，"的"字结构的作用相当于名词。例如：

"的" can also be used to make a noun, a pronoun, an adjective or a verb structures with "的". A structure with "的" is equal to a noun, e.g.:

（5）我要的是啤酒，他要的是茶。
（6）圣诞节是西方的节日，不是中国的。
（7）元宵是白的，是元宵节时吃的。

（二）结构助词"得"　　The structural particle "得"

"得"放在谓语动词或形容词后面，表示它后面的成分是动词或形容词的补语。程度补语或可能补语前一般都要用"得"。例如：

When placed after a predicate verb or adjective, "得" makes its following element a complement. Complements of degree or potential complements generally require "得", e.g.:

（1）寒假你回得了家吗？
（2）你最近生意做得怎么样？
（3）这儿放得下放不下那么多自行车？
（4）杰克对北京了解得比一般的北京人还多。

（三）结构助词"地"　　The structural particle "地"

"地"用在动词或形容词的前面，表示它前面的成分是修饰动词或形

容词的状语。双音节形容词作状语后面一般要用"地";单音节形容词如果前面有程度副词修饰,在作状语时,要用"地"。例如:

When appearing before a verb or an adjective, "地" makes its foregoing element the adverbial of its following. "地" is generally needed when the adverbial is performed by a disyllabic adjective. It is also used when the adverbial is performed by a monosyllabic adjective preceded by an adverb of degree, e.g.:

(1) 他高兴地说:"真没想到是你。"
(2) 张老师非常认真地教我们口语。
(3) 孩子们高兴地唱着跳着。
(4) 我们应该好好儿地利用这次机会来练习说汉语。

二、概数表示法　　The indication of approximate numbers

在交际过程中,有时说话人不知道、不愿意或不需要说出准确的数目,就可以说一个大概的数目,这个大概的数目就叫做概数。本课中出现了几种表示概数的方法,这里我们分别予以归纳:

Sometimes a speaker does not know, or is unwilling to say or finds it unnecessary to give an exact number, he or she may give a round figure which is known as an approximate number. In this text a few approximate numbers are used. Let's sum up them respectively:

(一) 两个相邻的数词连用,通常数目小的在前,数目大的在后。例如:

When two neighbouring numbers are used together, the smaller number generally goes before the bigger one, e.g.:

(1) 你的书我两三天就还你。
　　(注意,不说"二三天"。)(Note that it is wrong to say "二三天".)
(2) 明天我四五点钟去你那儿。
(3) 香肠一公斤十七八块钱。
(4) 这个城市只有二十五六万人。

注意:"九"和"十"不能连用来表示概数。如,不能说"我有九十本中文书。"

Points to be noted: "九" and "十" can not be used together as an approximate number. One cannot say "我有九十本中文书。"

（二）数量词语后加上"左右"等表示概数的词语。例如：

An approximate number can be formed by using "左右" after a numeral and measure word group, e.g.:

（1）我们学校有三千人左右。
（2）他这个月二十号左右来北京。
（3）他们学校女学生占四分之三左右。
（4）我十天左右就回来了。

> **注意**：一定要将"左右"放在数量词语的后面。不能说，"左右十天"，也不能说"五十左右人"。
>
> **Points to be noted**: "左右" must be placed after a numeral and measure word group. It is wrong to say "左右十天" "五十左右人".

（三）用"几"来表示概数　An approximate number can be formed by using "几"

"几"是数词，有时表示概数。例如：

The interrogative pronoun is not always used in questions. It can help indicate an approximate number, e.g.:

（1）三木在北京住了几年了。
（2）这儿有好几个人姓张。
（3）他这几年一直在学习中文。

以上几例中，"几"均表示"十"以内的概数。"几"也可以参与表示"十"以上的概数。例如：

In the foregoing sentences "几" is used to indicate approximate numbers less than ten. It can also be used to indicate approximate numbers more than ten, e.g.:

（4）便宜的十几块。
　　（"十"以上，二十以内　between 10 and 20）
（5）他一天学习几十个汉字。
　　（"二十"以上，"一百"以内　between 20 and 100）
（6）这个地方有几百个学生。
　　（"二百"以上，"一千"以内　between 200 and 1000）
（7）他有几千块钱。
　　（"两千"以上，"一万"以内　between 2000 and 10000）

(8) 这本书有四十几万字。

（"四十万"以上，"五十万"以内　between 400000 and 500000）

（四）用"多"表示概数　An approximate number can be formed by using"多"

"多"用在数量短语后边，表示不确定的零数。"多"的位置和用法如下：

"多" can be used after a numeral and measure word group to indicate an indefinite remainder. The position and usage of "多" are explained below:

1. 以0结尾的数词 +"多"+ 量词 +（名词）

A number ended with an zero + 多 + Measure Words + (N.)

（1）他今天喝了十多瓶啤酒。

（"十瓶"以上，"二十"瓶以内　between 10 and 20 bottles）

（2）这件毛衣二百多块钱。

（3）这个菜三十多块钱。

（4）中国有五千多年的悠久历史。

2. 数词10+表示连续量的量词+"多"+名词

Numeral 10 + Consecutive Measure Word + 多 + N.

这里，"表示连续量的量词"指"年"、"天"、"小时"、"分钟"、"公斤"、"克（kè gram）"一类的量词，而不是"个"、"支"、"瓶"、"杯"这样的"个体量词"。

Here the consecutive measure words are "年"，"天"，"小时"，"分钟"，"公斤" and "克"，rather than individual measure words such as "个"，"支"，"瓶" and "杯".

（5）这个东西十块多。（10.1元到10.9元，与"十多块"不同）

（It is between 10.1 yuan and 10.9 yuan，different from"十多块".）

（6）这些水果有十公斤多。

（注意：与"十多公斤"不同）(It is different from"十多公斤".)

（7）他在北京呆了十年多了。

3. 如果数词是以1~9结尾的（如，17、25、101、3561等），则格式同2。

The pattern is same as indicated in point two if a numeral ends up with a number between 1~9 such as 17，25，101 or 3561.

（8）钢笔九块多一支。

（不能说成"九多块"）(It is wrong to say"九多块".)

（9）三木有59公斤多。
（59.1~59.9公斤）(It is between 59.1~59.9 kgs.)

（五）用"来"表示　An approximate number can be formed by using "来"

这里的"来"，表示接近它前边数词所表示的数量，可能多一点儿，也可能少一点儿。"来"只能用于整数，"来"不能直接用在具体的数词后，一般用在整数后表概数。它的位置与"多"相似。例如：

Here "来" indicates a number near what is shown by the numeral (it can be a little more or a little less than the number). "来" can only be used with a round number, in the similar position as that of "多", e.g.:

（1）我在北京有十来个亲戚。
（八九个或十一二个）(The number is possibly 8 or 9, or 11 or 12.)
（2）今天我学了一百来个生词。
（比一百多几个或比一百少几个）(The number can be more or less than 100.)
（3）这个城市太大了，有一千五百来万人。
（4）我们还有一个来星期就放寒假了。
（5）他在西安住了两个来月。

注意（4）、（5）中"来"的位置。
Be aware of the positions of "来" in sentences (4) and (5).

三、"不……不……"格式　The pattern of "不……不……"

这里的"不……不……"是紧缩句的一种格式，表示前面的"不……"是后面的"不……"的条件，有"如果不……，就不……"的意思。例如：

This "不……不……" is a pattern for contracted sentences in which the first "不" provides the condition for the second "不". It is equal to "如果不……，就不……", e.g.:

（1）今天你不来我不离开这儿。
（2）玛丽太高兴了，觉得不唱歌不舒服，不跳舞不痛快。
（3）经理请你吃饭，你不吃不合适。
（4）你不告诉我你叫什么，我就不告诉你我叫什么。

练习 Exercises

一、朗读下列句子　Read aloud the following sentences

1. 在北京工作的十几个加拿大朋友，他们有的刚到北京不久，有的汉语不太好，非要我陪他们去不可，我不去不合适。
2. "快"是说北京这二十年来发展很快。
3. 听说北京原来的人口只有一千万左右，现在是一千七百多万。
4. 北京已经有三千多年的历史了。

二、用"的、地、得"填空
　　Fill in the blanks in the following sentences, using "的", "地" or "得"

1. 快考试了，你们要好好儿_____复习。
2. 你们在北京过_____怎么样？
3. 他妈妈做_____菜很好吃。
4. 这不是我的自行车，是玛丽_____。
5. 你们出发以前我回_____来。
6. 今天晚上我要舒舒服服_____睡个觉。
7. 杰克学习汉语_____时间很长了。
8. 你原来_____房子每个月_____房租是多少？

三、判断下列句子是否正确
　　Decide if the following sentences are grammatically correct

1. 三木的弟弟七岁多了。　　　　　　　　　（　）
2. 三木的运动衣二百多块。　　　　　　　　（　）
3. 玛丽有十本多小说。　　　　　　　　　　（　）
4. 他吃的那个菜九块多钱。　　　　　　　　（　）

第二十九课

5. 玛丽的哥哥还有两天、三天就来北京了。　　　（　）
6. 三木的爸爸五十三多岁，她爷爷七十六多岁了。（　）
7. 他没有三十多岁，只有二十多岁。　　　　　　（　）
8. 我现在的房租每月比以前贵二十、三十块钱。　（　）

四、用相邻的概数回答下面的问题
Answer the following questions with neighbouring numbers

1. 你们什么时候去郊区玩儿？
2. 你学了多长时间汉语了？
3. 三木家有多少口人？
4. 你们学校有多少学生？
5. 这种茶多少钱？
6. 现在的课文每课有多少生词？
7. 来中国以后你看过几次电影？
8. 朱丽叶吃过几次饺子？

五、用"不……不……"改写下列句子
Rewrite the following sentences with "不……不……"

例 Example：

玛丽放了假才去旅行。
玛丽不放假不去旅行。

1. 明天就考试了，我今天晚上复习完再睡觉。
2. 晚会开完再回家。
3. 你们到十二点才能下课。
4. 过春节的时候，孩子都回家，爸爸妈妈才高兴。
5. 来中国以后才能了解中国。
6. 常说汉语，口语水平才能提高。

7. 天气好，我们就去公园玩儿。

8. 抓住小偷，问题才能解决。

六、用"非……不（可）"改写句子
Rewrite the following sentences with "非……不（可）"

1. 他还没做完作业，可是他一定要去看电影。
2. 他说，他一定要学好汉语。
3. 杰克的加拿大朋友汉语不好，一定要让杰克陪他们去南方旅行。
4. 大夫对三木说："你一定要把病治好，才能出院。"
5. 三木一定请杰克、玛丽和朱丽叶去她家。

七、把下列词语组成句子
Rearrange the words of each group in the right order

1. 春节 很多 中国 传统 的 还 节日 有 有名 除了……以外
2. 节日 是 圣诞节 传统 西方 的 许多 人 最 大
3. 找 工作 一下儿 他 单位 毕业 联系 要 以后 的
4. 得 北京 上 的 挤 公共汽车 的 经常 满满
5. 发展 的 建设 北京 确实 经济 很 得 快

八、谈一谈你对一个地方的印象，请用上下列词语
Give your impression of a place, using the following words and expressions

对……印象　发展　人口　历史　确实　越来越

补充词语　Additional Words

| 可是 | （连） | kěshì | but |

学写汉字 Characters Writing

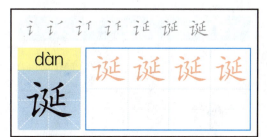

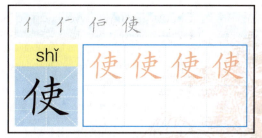

第三十课　Lesson 30

课文　Text

Tán Hánjià Ānpái
(一) 谈 寒假 安排
Chat about the Plan in the Winter Vacation

(Jiékè, Mǎlì, Zhūlìyè tán hánjià huódòng.)
(杰克、玛丽、朱丽叶 谈 寒假 活动。)
(Jack, Mary and Juliet chat about what to do during the winter vacation.)

Jiékè:　　Hánjià yǒu shénme dǎsuàn?
杰克：　　寒假 有 什么 打算？

Zhūlìyè:　Chūqu lǚxíng, wǒ xiān qù Dōngběi zài qù Shànghǎi, sānyuè chū
朱丽叶：　出去 旅行，我 先 去 东北 再 去 上海，三月 初

　　　　　huílai.
　　　　　回来。

Jiékè:　　Nǐ ne, Mǎlì?
杰克：　　你呢，玛丽？

Mǎlì:　　Wǒ xiān xiūxi jǐ tiān zàishuō. Shàng ge xuéqī, yīnwèi xuéxí hěn
玛丽：　　我 先 休息 几 天 再说。上 个 学期，因为 学习 很

　　　　　jǐnzhāng, tiāntiān máng, suǒyǐ gǎndào hěn lèi. Bù xiūxi jǐ tiān
　　　　　紧张，天天 忙，所以 感到 很 累。不 休息 几 天

第三十课

bùxíng. Nǐ hánjià yǒu shénme jìhuà?
不行。你寒假有什么计划？

Jiékè: Wǒ yǒu hǎo duō jìhuà ne, dàn néng bu néng shíxiàn hái shì ge
杰克：我有好多计划呢，但能不能实现还是个

wèntí. Shǒuxiān, wǒ bìxū wánchéng yì piān wénzhāng.
问题。首先，我必须完成一篇文章。

Zhūlìyè: Xiě shénme?
朱丽叶：写什么？

Jiékè: Wǒ zhèngzài xiě yì piān Yīng Hàn yǔyīn bǐjiào de wénzhāng, wǒ
杰克：我正在写一篇英汉语音比较的文章，我

fāxiàn yǒuxiē Zhōngguó xuésheng yǔyīn cuòwù hěn duō.
发现有些中国学生语音错误很多。

Mǎlì: Shìbushì gēn méiyǒu zhǎngwò hǎo fāyīn fāngfǎ yǒuguān?
玛丽：是不是跟没有掌握好发音方法有关？

Jiékè: Dāngrán. Zhǐyǒu zhǎngwò hǎo zhèngquè de fāyīn fāngfǎ, cái néng
杰克：当然。只有掌握好正确的发音方法，才能

xuéhǎo Yīngyǔ.
学好英语。

Zhūlìyè: Chúle xiě wénzhāng yǐwài, hái gàn shénme?
朱丽叶：除了写文章以外，还干什么？

Jiékè: Wǒ děi bèi kè, yǒude kè wǒ suīrán shàngguo liǎng sān biàn le,
杰克：我得备课，有的课我虽然上过两三遍了，

dànshì yě hái xūyào bǔchōng yìxiē xīn dōngxi. Lìngwài, wǒ hái
但是也还需要补充一些新东西。另外，我还

děi gēn jǐ ge péngyou qù Nánfāng lǚxíng.
得跟几个朋友去南方旅行。

Mǎlì: Zhè ge hánjià wǒ jì yào xiūxi hǎo, yòu yào xuéxí diǎnr dōngxi. Tīng
玛丽：这个寒假我既要休息好，又要学习点儿东西。听

Lesson 30

广播、听录音、看电视、看报纸都可以提高听说水平。

朱丽叶：你不想出去旅行了啊？

玛丽：看吧。开学前要是有时间，也许出去几天。

(二) 讨论 电影
Talk about the Film

(三木和公司的两个同事老赵和小宋看完电影后，在回家的路上谈各自对电影的看法。)

(Miky, Lao Zhao and Xiao Song, two of her colleagues, talk about the film they saw on their way home.)

老赵：你觉得这个电影怎么样？

三木：我觉得不错，很有教育意义。

老赵：我也认为这是一部好电影，如果有机会，我还想再看一遍。

小宋：我不觉得这是一部好电影，演员的表演太不怎么样了，特别是女主角，哭、笑、说话、走路都很不自然。

老赵：我认为评论一部电影好不好，最重要的是看它的思想内容，看它能不能给人们带来有益的东西。演员的表演不是主要的。

小宋：我不同意你这种看法。电影是一门艺术，一部好的电影，不但应该有很好的思想内容，而且也应该有很高的艺术水平。如果只有思想内容，没有艺术水平，那它就不是电影而是别的东西了。

老赵：我觉得我们对艺术水平的要求不能太高。艺术，艺术，有时候连我们自己也说不清楚什么是艺术。

小宋：我反对这种看法，按照你的看法，只要思想

nèiróng hǎo, jiù shì hǎo de yìshù zuòpǐn?
内容好，就是好的艺术作品？

Lǎo Zhào: Wǒ méi zhème shuō.
老赵：　我没这么说。

Sānmù: Hǎo le, bú yào tǎolùn le. Qiánmiàn yǒu ge chūzūchē, wǒmen
三木：　好了，不要讨论了。前面有个出租车，我们

yìqǐ huíqu le.
一起回去了。

Lǎo Zhào: Tǎolùn wèntí yǒu bùtóng kànfǎ bù qíguài, dōu shì yì zhǒng kànfǎ,
老赵：　讨论问题有不同看法不奇怪，都是一种看法，

shēnghuó jiù tài méi yìsi le.
生活就太没意思了。

Xiǎo Sòng: Duì yǒuxiē wèntí, wǒmen liǎ jīngcháng fāshēng zhēnglùn, zhēnglùn
小宋：　对有些问题，我们俩经常发生争论，争论

zhēnglun wǒ kàn yǒu hǎochù.
争论我看有好处。

词语　New Words

因为	（连）	yīnwèi	because
感到	（动）	gǎndào	to feel
实现	（动）	shíxiàn	to realize
必须	（副）	bìxū	must
完成	（动）	wánchéng	to complete
语音	（名）	yǔyīn	phonetic
错误	（名）	cuòwù	mistake

第三十课

掌握	（动）	zhǎngwò	to master
方法	（名）	fāngfǎ	method
有关	（动）	yǒuguān	to concern
只有	（连）	zhǐyǒu	only
正确	（形）	zhèngquè	correct
备课		bèi kè	to prepare lessons for teaching
虽然	（连）	suīrán	although
遍	（量）	biàn	(a measure word)
补充	（动）	bǔchōng	to add to
既…又…	（连）	jì…yòu…	both...and...
广播	（动）	guǎngbō	to broadcast
开学		kāi xué	school begins
也许	（副）	yěxǔ	maybe, perhaps
教育	（名）	jiàoyù	education
意义	（名）	yìyì	significance
认为	（动）	rènwéi	to think
部	（量）	bù	(a measure word)
主角	（名）	zhǔjué	main character
哭	（动）	kū	to cry
笑	（动）	xiào	to smile, to laugh
自然	（形）	zìrán	natural
评论	（动）	pínglùn	to comment on
思想	（名）	sīxiǎng	thinking
有益	（形）	yǒuyì	beneficial

同意	（动）	tóngyì	to agree
看法	（名）	kànfǎ	view
艺术	（名）	yìshù	art
不但…而且…	（连）	búdàn...érqiě...	not only... but also...
不是…而是…		búshì...érshì...	not... but...
连…也…		lián...yě...	even
反对	（动）	fǎnduì	to oppose
按照	（介）	ànzhào	according to
只要	（连）	zhǐyào	so long as
奇怪	（形）	qíguài	strange
发生	（动）	fāshēng	to happen
争论	（动、名）	zhēnglùn	to argue; argument

专名 Proper nouns

东北	Dōngběi	northeast

重点句式 Key Sentence Patterns

1. 我先休息几天再说。
   Let me have some off-days first.

2. 因为学习很紧张，天天忙，所以感到很累。
   There is so much pressure from the studies, very busy every day. So I feel extremely tired.

3. 不休息几天不行。
   I must have a break for a few days.

4. 只有掌握好正确的发音方法，才能学好英语。
   The only way to learn English well is correct way of pronunciation.

5 有的课我虽然上过两三遍了，但是也还需要补充一些新东西。
I have taught the same lesson several times, but I still need to find some new material.

6 如果有机会，我还想再看一遍。
I want to watch it again, if I have any chance.

7 一部好的电影，不但应该有很好的思想内容，而且也应该有很高的艺术水平。
A good film should not only have good content but also be artistic.

8 有时候连我们自己也说不清楚什么是艺术。
Sometimes, we can not figure out what is art ourselves.

注释　Notes

一、我有好多计划呢，但能不能实现还是个问题

这句话意思是，"虽然计划很多，但不一定都能实现。""能不能……还是个问题"是一种委婉的说法。又如："我打算下个月去南方，可到时候能不能去还是个问题。"

This sentence means "although there are many plans, they may not all be realized." "能不能……还是个问题" is expressed in a roundabout way, e.g.: "我打算下个月去南方，可到时候能不能去还是个问题。"

"呢"用在这儿有夸张意味。又如："你有哥哥吗？——有，好几个呢。"

"呢" here is used in an exaggerative way, e.g.: "你有哥哥吗？——有，好几个呢。"

二、是不是跟没有掌握好发音方法有关？

"跟……有关"，表示某种事实与某种情况有关系，用来说明原因，否定的说法是"跟……无关"。又如："他学习不好，跟他身体不好有关。""这件事跟我有关，跟你无关。""他成绩不好，跟他平时不好好儿学有关。"

"跟……有关" means "one thing has something to do with the other". Its negative form is "跟……无关", e.g.: "他学习不好,跟他身体不好有关。" "这件事跟我有关,跟你无关。" "他成绩不好,跟他平时不好好儿学有关。"

三、有的课我虽然上过两三遍了……

"遍",量词,一种动作从开始到结束的整个过程叫一遍。又如:"这篇文章我看了好几遍了,还想看。""这个字我写了几十遍,还是写不好。""他把录音听了两遍,终于听懂了。"

The measure word "遍" means "times", e.g.: "这篇文章我看了好几遍了,还想看。""这个字我写了几十遍,还是写不好。""他把录音听了两遍,终于听懂了。"

四、你不想出去旅行了啊?

陈述句末尾加"啊"表示疑问,提问的目的是要求得到证实。又如:"你真的不看啊?你不看,我就拿走了。""你刚才出去了啊?我给你打了好几次电话都没有人接。"

A statement plus "啊" becomes an interrogative sentence with which one may get a confirmation of the fact, e.g.: "你真的不看啊?你不看,我就拿走了。""你刚才出去了啊?我给你打了好几次电话都没接。"

五、看吧

玛丽的意思是,她可能去旅行也可能不去,现在还不知道。"看吧",相当于"看情况吧",意思是,视情况而定。又如:"你下学期还学这门课吗?——看吧。""我们明天去公园玩儿吗? 看吧,不下雨就去。"

Here Mary means "she is possibly going to travel, but she hasn't made up her mind yet". "看吧" is equal to "看情况吧", meaning "it depends", e.g.: "你下学期还学这门课吗?——看吧。""我们明天去公园玩儿吗?看吧,不下雨就去。"

六、很有教育意义

"很"除了可以修饰形容词外,还可以修饰一些动词结构。如:"很有影响"、"很有办法"、"很受欢迎"、"很花时间"等。

"很" can be used to modify adjectives as well as some verbal structures, e.g.: "很有影响","很有办法","很受欢迎" and "很花时间".

七、演员的表演太不怎么样了

"不怎么样"意思是"不好",用于口语。又如:"今天的天气真不怎么样。""你考得怎么样?——不怎么样,最多70分。"

In spoken Chinese "不怎么样" means "not good", e.g.: "今天的天气真不怎么样。""你考得怎么样?——不怎么样,最多70分。"

八、有时候连我们自己也说不清楚什么是艺术

"连",介词,后面用"也"、"都"、"还"等呼应,引出要强调的对象,有"甚至"的意思。又如:"这件事连我都知道了,他当然知道了。""他刚来,连一个人也不认识。""他很忙,连看电影都没时间。""他连'再见'、'谢谢'还不会说呢,怎么可能用汉语跟中国人聊天?""玛丽学习非常努力,连星期天也不休息。""我跟她是好朋友,可是她家我连一次都没去过。"

The preposition "连", often used together with a coherent adverb such as "也", "都" or "还", functions as an introducer of an object for emphasis. It is somewhat similar to "甚至", e.g.: "这件事连我都知道了,他当然知道了。""他刚来,连一个人也不认识。""他很忙,连看电影都没时间。""他连'再见'、'谢谢'还不会说呢,怎么可能用汉语跟中国人聊天?""玛丽学习非常努力,连星期天也不休息。""我跟她是好朋友,可是她家我连一次都没去过。"

九、按照你的看法……

"按照",介词,表示以某一事物作为前提或依据,从而得到一种结论或推论。又如:"按照你现在的水平,你给我们做翻译一定没问题。""按照我的看法,这件事我们不能办。""按照老师说的,发音是最应该好好儿学的。"

The preposition "按照" means "according to", e.g.: "按照你现在的水平,你给我们做翻译一定没问题。""按照我的看法,这件事我们不能办。""按照老师说的,发音是最应该好好儿学的。"

十、争论争论我看有好处

"有好处"是有帮助、有利的意思,否定的说法是"没好处",常说

"对……有（没）好处"。例如："学好语法对掌握一种外语有好处。""你这么想对你没好处。""每天骑自行车去上班对身体很有好处。"

"有好处" means "helpful" or "beneficial". Its negative form is "没好处". The common expression of it is "对……有（没）好处", e.g.: "学好语法对掌握一种外语有好处。""你这么想对你没好处。""每天骑自行车去上班对身体很有好处。"

语法 Grammar

复句　Compound Sentences

由两个或两个以上意义关系密切的单句构成的句子叫做复句。复句中的单句叫做分句。

A compound sentence is formed by two or more than two closely related simple sentences. The simple sentences in a compound sentence are known as clauses.

复句可以分为两大类，即联合复句和偏正复句。

Compound sentences can be divided into two major types: coordinate compound sentences and modification compound sentences.

（一）联合复句　Coordinate compound sentences

联合复句中，各个分句之间的关系是平等的，意义上没有主次之分。联合复句一般包括以下几种：

In a coordinate compound sentence all clauses are equal to one another without a significant distinction between a primary sentence and a secondary one. Coordinate sentences can be further divided into the following groups:

1. 并列复句　Paratactic compound sentences

各个分句说明几件事情、几种情况或某一事物的几个方面，分句之间可以不用关联词语。例如：

In such a compound sentence clauses are used to indicate different things, situations or different aspects of one thing. No correlatives are needed for the connection of different clauses, e.g.:

（1）寒假我得听听广播，看看电视，也要复习复习学过的东西。

（2）中国最重要的节日是春节，西方最重要的节日是圣诞节。

（3）我们过春节很热闹，西方人过圣诞节也很热闹。

（用"也"关联）

有时用"一边……，一边……"、"又……，又……""既……，又……"等关联词语。例如：

Sometimes "一边……，一边……","又……，又……" and "既……，又……" are used as correlatives, e.g.:

（4）他们一边听音乐，一边聊天。

（5）她又聪明又漂亮，又能唱歌又能跳舞。

（6）这次寒假我既要休息好，又要学点儿东西。

由"不是……而是……"组成的复句也是一种并列复句。"不是"放在前一个分句中，用来否定一件事情或一种情况，后一分句用"而是"来肯定另一件事情或另一种情况。如果各分句的主语相同，"不是"既可以放在主语前面，也可以放在主语后面；如果各分句主语不同，"不是"和"而是"都要放在主语的前面。例如：

Sentences formed in the pattern "不是……而是……" also belong to a type of coordinate sentences. "不是" placed in the first clause shows the negation of something whereas "而是" appearing in the second clause gives affirmation of something else. If all the clauses share the same subject, "不是" can be either put before or after the subject. If the clauses have their own subjects, "不是" and "而是" should be placed before the subject, e.g.:

（7）圣诞节不是中国的传统节日，而是西方的传统节日。
　　　（主语相同　A common subject）

（8）这个电影不是内容有问题，而是表演有问题。
　　　（主语相同　A common subject）

（9）不是我不喜欢他，而是他不喜欢我。
　　　（主语不同　Different subjects）

（10）不是孩子不聪明，而是老师的教育方法有问题。
　　　（主语不同　Different subjects）

2. 承接复句　Continual compound sentences

各个分句依次叙述连续发生的动作或事情，这些动作或事情的先后次序是一定的，不能颠倒。

In such a compound sentence different clauses are used to describe continual actions or things in a fixed order that can not be reversed.

各分句可以不用关联词语，也可以用"（首先）……，然后"、"先……，再……"、"……就……"等词语连接。例如：

There can be no correlatives for the clauses，but "（首先）……，然后"，"先……，再……" and "……就……" can be used as connecters to join the clauses，e.g.：

（11）老师一来，教室里马上安静了。

（12）我先坐火车去天津，再坐飞机去广州，然后直接回北京。

（13）他们看完电影，就开始争论。

（14）杰克刚说完，大家就提了好多问题。

3. 递进复句　Progressive compound sentences

递进复句的分句常常用"不但……而且……"来连接，后一个分句表示比前一分句更进一层的意思。例如：

In a progressive compound sentence "不但……而且……" is often used to connect two clauses of which the second clause carries further meaning that is not expressed in the first one，e.g.：

（15）这个电影不但有教育意义，而且艺术水平也很高。
　　　（主语相同　A common subject）

（16）玛丽不但汉语说得好，而且法语说得也不错。
　　　（主语相同　A common subject）

（17）不但你喜欢打篮球，（而且）我也喜欢。
　　　（主语不同　Different subjects）

（18）现在这个时候，不但南方很热，（而且）北方也很热。
　　　（主语不同　Different subjects）

4. 选择复句　Selective compound sentences

选择复句的各个分句列出几种情况，表示可以从中任意选出一项。常用的关联词语是"（是）……还是……"、"不是……就是……"等。例如：

In a selective compound sentence there are different choices to be made. The frequently used correlatives are "（是）……还是……" and "不是……就是……"，e.g.：

（19）这个电影不好，是内容没意思，还是演员表演得不好？

（20）寒假去南方旅行，还是在家休息？

（21）你们怎么走，先去南京再去上海，还是先去上海再去南京？

（22）他们两个人在一起，不是唱就是跳，不是说就是笑。

（二）偏正复句　Modification compound sentences

偏正复句由两个分句组成，其中一个分句（偏句）表示原因、条件、假设等意义，另一个分句（正句）表示结果、目的等。按照偏句与正句的意义关系，偏正复句可以分成很多种，这里我们主要介绍以下几种：

A modification compound sentence is formed by two clauses of which one modifies or qualifies the other. According to their meaning modification compound sentences can be further divided into the following groups:

1. 因果复句　Cause-and-effect compound sentences

偏句表示原因，正句表示结果。常见的关联词语是"因为……，所以……"等。例如：

In such a compound sentence the subordinate clause indicates the cause whereas the main clause indicates the effect. The frequently used correlative is "因为……，所以……", e.g.:

（1）因为学习紧张，天天忙，所以我感到很累。
（2）因为他刚来，所以很多事情还不知道。
（3）杰克因为小时候就学过汉语，所以他发音很好。

因果复句的关联词语可以在两个分句中都用，也可以只在一个分句中用，有时偏句和正句的意义关系很明显，甚至可以都不用关联词语。例如：

The correlative can be used in both clauses or only in one clause. When the cause-and-effect relation is clearly shown by the two clauses, no correlative is needed in such a compound sentence, e.g.:

（4）这个电影我看过两遍了，所以不想再看了。
（5）杰克因为发现学生语音错误很多，要写一篇文章讨论语音问题。
（6）他今天不舒服，没有来上课。

2. 转折复句　Transitional compound sentences

偏句叙述一个事实，正句说出一个相反或部分相反的事实，这种复句就叫做转折复句。常用的关联词语有"虽然……，但是（可是）……"、"……不过……"、"……可……"等。例如：

In a transitional compound sentence the subordinate clause indicates a fact whereas the main clause indicates something contrary to it or partially contrary to it. The frequently used correlatives are "虽然……，但是（可是）……", "……不过……" and "……可……" etc., e.g.:

(7) 有的课我虽然上过两三遍了，但是也还需要补充一些新东西。
(8) 他汉语说得不怎么流利，不过汉字写得很漂亮。
(9) 我们虽然很累，可都感到很高兴。
(10) 玛丽寒假不回家，但是她爸爸妈妈要来中国看她。

> **注意**："虽然"可以放在第一分句主语的前边，也可以放在第一分句主语的后边，而"但是"、"可是"、"不过"一般要放在第二个分句的最前边。
> **Points to be noted**: "虽然" can be used before or after the subject of the first clause, but "但是", "可是" and "不过" are generally put at the very beginning of the second clause.

3. 假设复句　Hypothetical compound sentences

偏句提出一种假设，正句说明在这种情况下会出现的结果。常用的关联词语有"要是……，（就）……"、"如果……，（就）……"等。例如：

In a hypothetical compound sentence the subordinate clause puts forward a hypothesis whereas the main clause indicates the result that is likely to come about under the hypothetical condition. The frequently used correlatives are "要是……，（就）……" and "如果……，（就）……" etc., e.g.:

(11) 如果夫妻关系不好，孩子的成长就会受影响。
(12) 要是明天下雨，我们就不去公园玩儿了。
(13) 如果有机会，我一定去中国南方看看。

有时偏句可以不用关联词语，甚至偏句、正句都不用关联词语。
Sometimes the subordinate clause or even both clauses need no correlative.

(14) 你来，我就给你；你不来，我就给别人。
(15) 作业做完了，我就去找你，否则就不去了。
(16) 有什么问题，请大家马上问。

4. 条件复句　Conditional compound sentences

正句表示结果，偏句提出实现这种结果需要的条件，这种复句叫做条件复句。常用的关联词语有"只有……，才……"和"只要……，就……"。

In a conditional compound sentence the main clause indicates the result whereas the subordinate clause indicates the conditions under which the result is likely to come about. The frequently used correlatives are "只有……，才……" and "只要……，就……".

"只有……，才……"表示的是唯一的条件，强调只有这个条件才能产生这样的结果。例如：

"只有……，才……" indicates the only condition under which the result is likely to come about，e.g.：

(17) 只有掌握好正确的发音，才能学好英语。

(18) 只有你说话他才听，别人谁说他他都不听。

(19) 一部电影只有思想内容和艺术水平两个方面都好，才是好电影。

"只要……，就……"表示的是必要条件，说明有了某种条件，就能产生某种结果，但它并不排除别的条件也能产生同样的结果。例如：

"只要……，就……" indicates the necessary condition under which the result is likely to come about.However it is also possible that under different conditions the same result can also be expected，e.g.：

(20) 按照你的看法，只要思想内容好，就是好的艺术作品？

(21) 你很聪明，只要你努力，就一定能学好汉语。

(22) 这个问题，大家只要认真研究研究，就能找到解决的办法。

 练习　*Exercises*

一、朗读下列句子　Read aloud the following sentences

1. 因为学习很紧张，天天忙，所以感到很累。

2. 有的课我虽然上过两三遍了，但是也还需要补充一些新东西。

3. 一部好的电影，不但应该有很好的思想内容，而且也应该有很高的艺术水平。

4. 有时候连我们自己也说不清楚什么是艺术。

5. 我没这么说。

二、替换练习　Substitution drills

1. 他又<u>能唱歌</u>，又<u>能跳舞</u>。

喜欢滑冰	喜欢游泳
会打排球	会踢足球
爱吃中餐	爱吃西餐
聪明	漂亮
累	渴

2. 他因为<u>学习很紧张</u>，所以<u>感到很累</u>。

病了	没来上课
常说汉语	口语不错
认真复习了	考得很好

3. 我虽然<u>上过两三遍了</u>，但是<u>也还需要补充一些新东西</u>。

会念	不会写
常常写	还是常写错
身体不好	也要去上课

三、选择关联词语填空

Fill in the following blanks with appropriate correlatives

1. 昨天我看足球比赛的时候，_____坐在后边，_____看不清楚。（因为……所以，虽然……但是……）

2. 你_____愿意，我们_____一起复习。（如果……就……，不但……而且……）

3. _____玛丽爱吃包子，_____朱丽叶也爱吃。（虽然……但是……，不但……而且……）

4. 这本小说_____我爱看，_____我妹妹也爱看。（又……又……，不但……而且……）

5. _____认真复习，_____能考好。（只要……就……，又……又……）

6. ＿＿＿＿＿老师说得很慢，＿＿＿＿＿我们都听懂了。（因为……所以……，只要……就……）

7. 他＿＿＿＿＿教得好，＿＿＿＿＿还是学生的朋友。（又……又……，不但……而且……）

8. ＿＿＿＿＿她每天坚持看中文报，＿＿＿＿＿现在能看懂一点儿了。（只有……才……，因为……所以……）

四、判别正误
Decide if the following sentences are grammatically correct

1. 虽然他每天学习都很紧张，但是不觉得累。　　（　　）
2. 虽然他花了很多时间复习，但是考得很好。　　（　　）
3. 你明天如果有时间，就我们一起去三木那儿玩儿。（　　）
4. 不但他说得好，而且写得也很好。　　　　　　（　　）
5. 如果照片洗好了，就给我们寄去。　　　　　　（　　）
6. 因为我想提高得快一点儿，我所以要常跟中国人说话。（　　）
7. 只有他就能做好这件事。　　　　　　　　　　（　　）
8. 只要你同意，就我陪你一起去。　　　　　　　（　　）

五、把下列词语组成句子
Rearrange the words of each group in the right order

1. 要是　休息　玛丽　也许　了　好　旅行　去
2. 一起　喜欢　问题　很　他　争论　跟同学们
3. 虽然　这个　演员　内容　不行　演　好　得　电影　思想　但是
4. 不但　喜欢　三木　电影　老赵　喜欢看　也　看　这部

六、用"连……也（都）……"改句
Rewrite the following sentences, using "连……也（都）……"

1. 学习不好的同学会回答这个问题。
2. 他没有吃饭就去看电影了。
3. 这么冷的天气，他没穿大衣就出去了。
4. 他学了四年汉语，看不懂中文报纸。
5. 他在北京呆了三年，却不了解北京的历史。
6. 他离开家乡很多年了，没有回去过一次。
7. 这个警察抓不到小偷。
8. 小偷没被当场抓到，警察也没什么办法。

补充词语 Additional Words

如果…那么…		rúguǒ... nàme...	if... then...
聪明	（形）	cōngmíng	wise; smart
却	（副）	què	but

学写汉字 Characters Writing

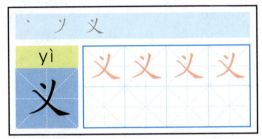

词语总表　Vocabulary

A
哎呀 ………… 16
矮 …………… 26
爱 …………… 25
按照 ………… 30

B
把 …………… 24
白天 ………… 27
摆 …………… 23
搬 …………… 23
半天 ………… 21
办理 ………… 24
办事 ………… 21
帮 …………… 18
帮忙 ………… 18
帮助 ………… 18
包 …………… 26
包子 ………… 19
饱 …………… 25
保证 ………… 27
报告 ………… 28
报纸 ………… 18
北方 ………… 22
备课 ………… 30
被 …………… 28

本来 ………… 26
鼻子 ………… 20
比 …………… 26
比较 ………… 21
必须 ………… 30
变化 ………… 22
遍 …………… 30
表 …………… 24
表哥 ………… 26
表演 ………… 23
别 …………… 17
别人 ………… 28
补 …………… 28
补充 ………… 30
不…不 ……… 29
不但…而且 … 30
不过 ………… 16
不久 ………… 29
不是…而是 … 30
不同 ………… 29
不谢 ………… 22
部 …………… 30
部分 ………… 20

C
材料 ………… 29
菜 …………… 25

参观 ………… 16
厕所 ………… 22
层 …………… 24
曾经 ………… 19
查 …………… 23
差不多 ……… 21
长 …………… 21
常常 ………… 25
唱歌 ………… 23
朝代 ………… 29
吵 …………… 23
车站 ………… 27
衬衫 ………… 26
成 …………… 24
城市 ………… 19
吃的 ………… 24
吃饭 ………… 19
出 …………… 18
出发 ………… 17
出来 ………… 18
出去 ………… 17
出院 ………… 20
出租 ………… 21
出租车 ……… 21
除了…以外 … 19
传统 ………… 19
窗户 ………… 20

词语总表

床 ………… 23	懂 ………… 16	风景 ………… 16
词 ………… 23	动 ………… 23	否则 ………… 23
错 ………… 16	动物园 ………… 27	服务 ………… 21
错误 ………… 30	豆腐 ………… 25	服务员 ………… 21
	段 ………… 27	父亲 ………… 21
D	锻炼 ………… 25	复印 ………… 26
打(球) ………… 25	对面 ………… 21	副 ………… 26
打开 ………… 24		
大使馆 ………… 29	**E**	**G**
大小 ………… 26	饿 ………… 24	干净 ………… 23
大衣 ………… 27	耳朵 ………… 20	赶 ………… 18
呆 ………… 21		感到 ………… 30
戴 ………… 26	**F**	感觉 ………… 27
带 ………… 17	发生 ………… 30	感兴趣 ………… 17
单人 ………… 24	发现 ………… 28	干什么 ………… 27
单位 ………… 29	发展 ………… 29	刚才 ………… 16
耽误 ………… 17	翻 ………… 16	钢笔 ………… 28
但 ………… 28	翻译 ………… 21	胳膊 ………… 20
淡 ………… 25	反对 ………… 30	歌 ………… 23
当 ………… 19	方法 ………… 30	个儿 ………… 26
当场 ………… 28	方面 ………… 22	更 ………… 22
倒霉 ………… 18	房间 ………… 17	工厂 ………… 22
导游 ………… 19	房子 ………… 26	公共汽车 ………… 21
倒是 ………… 22	房租 ………… 26	公园 ………… 20
灯 ………… 24	访问 ………… 29	狗 ………… 16
登记 ………… 24	放假 ………… 19	够 ………… 21
等 ………… 19	放心 ………… 18	估计 ………… 23
地铁 ………… 27	非 ………… 29	姑姑 ………… 26
地址 ………… 26	分 ………… 24	古城 ………… 19
电车 ………… 27	分 ………… 27	古代 ………… 19
电梯 ………… 17	…分之… ………… 29	挂 ………… 22
丢 ………… 28	分钟 ………… 17	拐弯儿 ………… 20
东 ………… 27		怪不得 ………… 21

Vocabulary   255

关上 …… 20	挤 …… 29	警察 …… 28
广播 …… 30	寄 …… 17	旧 …… 26
逛 …… 22	计算机 …… 22	橘子（桔子）…… 24
贵 …… 24	记 …… 28	句子 …… 16
过来 …… 18	既…又 …… 30	具体 …… 29
过去 …… 17	家里 …… 17	剧场 …… 23
	家乡 …… 22	据说 …… 28

H

孩子们 …… 18	价格 …… 26	
寒假 …… 28	坚持 …… 23	**K**
好吃 …… 19	建都 …… 29	咖啡馆儿 …… 27
好处 …… 19	建设 …… 29	开 …… 16
好多 …… 22	建筑 …… 18	开 …… 18
好玩儿 …… 16	酱肉 …… 24	开学 …… 30
后来 …… 21	交 …… 16	看法 …… 30
湖 …… 22	交流 …… 29	看见 …… 16
护照 …… 24	交换 …… 27	考虑 …… 26
花 …… 27	交通 …… 18	靠 …… 23
华侨 …… 21	郊区 …… 17	可爱 …… 18
环境 …… 17	饺子 …… 19	可不是 …… 27
回 …… 16	脚 …… 20	渴 …… 22
回答 …… 16	教育 …… 30	客车 …… 24
回去 …… 17	节日 …… 29	课本 …… 28
活动 …… 16	解决 …… 28	课堂 …… 16
火车 …… 21	紧张 …… 22	空气 …… 17
或者 …… 26	进步 …… 27	恐怕 …… 18
	进来 …… 17	空儿 …… 22
	进去 …… 23	口袋 …… 28
J	进修 …… 29	口音 …… 22
机会 …… 19	近 …… 25	哭 …… 30
鸡 …… 25	经常 …… 27	裤子 …… 26
鸡蛋 …… 25	经过 …… 28	块儿 …… 25
极了 …… 27	经济 …… 19	快车 …… 24
	经历 …… 21	筷子 …… 25

词语总表

L

来	27
来回	22
累	18
离	22
离开	22
利用	29
例如	29
俩	19
连…也	30
脸	20
练	25
聊天	27
了	23
了不起	18
了解	19
列车	21
零下	27
流利	21
录音	25
旅馆	17
旅行社	19
旅游	17

M

嘛	19
马上	21
卖	23
满	29
慢车	24
猫	16
毛衣	20
帽子	24
贸易	21
没什么	20
每天	20
美	16
美术	16
米饭	25
名胜古迹	19
摸	28
母亲	21

N

拿	18
那么	23
南方	22
难看	26
能力	27
年级	27
年轻人	20
念	16
牛	16
农村	17
弄	29
努力	27

O

噢	18

P

爬	18
怕	24
排队	28
排球	25
牌子	22
胖	26
跑	18
跑步	25
碰	28
篇	26
便宜	19
平时	28
评论	30
苹果	24

Q

期间	28
骑	17
奇怪	30
奇迹	18
起来	18
前	17
前面	22
前天	18
钱包	28
亲戚	21
青年	20
情况	27

R

然后	16
热情	21
人家	23
人口	29
忍	24
认为	30
肉	25

Vocabulary 257

如何 …… 29	水平 …… 22	听写 …… 16
	顺便 …… 21	停 …… 18
S	说不定 …… 28	通 …… 23
散步 …… 25	说话 …… 23	通过 …… 19
山 …… 16	说明 …… 27	同时 …… 29
山水画儿 …… 16	思想 …… 30	同意 …… 30
伤 …… 20	司机 …… 18	痛快 …… 27
上（学）…… 21	酸 …… 25	偷 …… 28
上来 …… 17	算 …… 26	突然 …… 20
上面 …… 23	算了 …… 20	图书 …… 28
上去 …… 17	虽然 …… 30	腿 …… 20
烧鸡 …… 24	随时 …… 26	退 …… 26
稍微 …… 27	随着 …… 29	
社会 …… 29	锁 …… 28	**W**
伸手 …… 28		袜子 …… 26
什么的 …… 28	**T**	外地 …… 29
生 …… 17	它 …… 24	外语（外文）…… 28
生产 …… 26	太极拳 …… 25	完成 …… 30
生意 …… 17	汤 …… 25	完全 …… 20
时 …… 21	躺 …… 20	晚点 …… 21
实现 …… 30	套 …… 20	网球 …… 25
事故 …… 18	特别 …… 24	忘记 …… 28
事业 …… 29	特点 …… 19	卫生 …… 24
收 …… 17	特快 …… 24	为了 …… 22
手 …… 20	踢 …… 25	文学 …… 22
手提包 …… 21	提高 …… 22	文章 …… 26
首都 …… 25	题 …… 16	屋里 …… 20
受伤 …… 20	体育 …… 25	屋子 …… 23
瘦 …… 26	甜 …… 25	午饭 …… 25
书架 …… 23	填 …… 24	
叔叔 …… 29	挑 …… 26	**X**
双 …… 26	条 …… 27	西餐 …… 25
双人 …… 24	跳舞 …… 23	西红柿 …… 25
水 …… 16	听 …… 16	

词语总表

习惯 25
习俗 29
洗 18
虾 16
下来 2
下面 16
下去 17
咸 25
现代 20
相差 27
相同 29
相信 27
香蕉 24
箱子 21
项 16
相 18
相声 23
小说 20
小偷 28
小心 22
小学 21
笑 30
鞋 26
新年 28
新鲜 2
醒 21
雄伟 18
休假 21
修 23
需要 25
许多 22
选 20
选择 16
学期 23

学术 29

Y

呀 17
牙齿 20
严重 20
沿 19
研究 22
眼睛 20
眼镜 26
演出 23
演员 23
羊 16
样子 26
邀请 27
要是 16
钥匙 18
也许 30
页 16
夜 21
一般 23
一定 16
一块儿 22
一直 27
椅子 23
以前 16
以上 27
艺术 30
意见 27
意思 16
意义 30
因为 30
音乐厅 28

饮料 22
印象 29
用 24
用餐 25
悠久 29
游览 18
游泳 25
友好 29
有道理 22
有的 27
有关 30
有名 18
有些 27
有益 30
鱼 16
愉快 24
语法 27
语言 22
语音 30
预定 24
预约 28
遇到 27
原来 29
圆 26
远 22
月底 21
阅览室 28
越…越 28
越来越 28
运动员 25

Z

杂技 23

杂志 …… 28	证 …… 28	转 …… 22
再说 …… 20	政治 …… 19	壮丽 …… 18
早上 …… 21	之间 …… 26	撞 …… 20
占 …… 29	知识 …… 19	准 …… 28
站 …… 18	只 …… 21	桌子 …… 16
站 …… 24	只要 …… 30	仔细 …… 22
长 …… 17	只有 …… 30	自己 …… 18
掌握 …… 30	至少 …… 27	自然 …… 30
照 …… 17	质量 …… 26	自行车 …… 17
照相机 …… 17	中餐 …… 25	走路 …… 20
这 …… 22	中午 …… 19	嘴 …… 20
这么 …… 20	中心 …… 19	最 …… 19
这样 …… 16	终于 …… 28	最好 …… 26
着 …… 20	主角 …… 30	最近 …… 27
真正 …… 27	主要 …… 20	左右 …… 29
争论 …… 30	住 …… 16	作家 …… 20
整理 …… 23	住宿 …… 24	作品 …… 20
整齐 …… 23	住院 …… 20	作业 …… 16
正 …… 20	著名 …… 19	座位 …… 23
正好 …… 20	抓 …… 28	做生意 …… 29
正确 …… 30	专业 …… 22	

专名 Proper Nouns

B
北京 18

C
长城 18
春节 29

D
东北 30
端午节 29

F
复活节 29

G
甘肃 19
广州 19
桂林 19

H
杭州 19

J
加拿大 22
金 29

M
明 29

N
南京 19

Q
清 29
清明节 29

S
上海 19

圣诞节 29
史密斯 17
丝绸之路 19

X
西方 29
西安 19
小杨 25
新疆 19

Y
元 29
元宵节 29

Z
中秋节 29